Delbrücker Ecksteine
Rezept auf Seite 68

Gerhard Kellner

Meine feine Frühstücksbäckerei
Brötchen, Baguette & Weizenbrote
nach traditionellen Rezepturen

Für Ulrike

Bassermann Inspiration

Baguette mit Sauerteig
Rezept auf Seite 84

Inhalt

Meine besten Rezepte

Wie ich zum Hobby-Brotbäcker wurde

Bei einem Grillabend mit Freunden kam das Gespräch auf französische Baguettes und darauf, dass es in unserer Gegend kein vernünftiges Baguette zu kaufen gibt. Es waren nur alles irgendwie Weißbrote. Ich hatte durch mehrfache Urlaube in Frankreich ganz andere Vorstellungen von einem leckeren Baguette.

Ich nahm in der Runde den Mund ziemlich voll und meinte, so schwer könne das doch nicht sein. Gesagt – getan: Ich versuchte mich im Internet schlau zu machen. Das war gar nicht so einfach, denn die Informationen im Internet waren so vielseitig, dass einem schwindelig werden konnte. Fachbegriffe wurden einem um die Ohren gehauen. Schließlich suchte ich mir ein Rezept aus einem Backforum, kaufte Mehl und legte los.

Meine ersten Baguettes wurden auf ein Backblech bugsiert und dann gebacken. Was für eine große Enttäuschung. Es wurden längliche Knüppel, die auch nicht richtig schmeckten. Also wieder ins Netz und weiter gesucht und gelesen.

Mittlerweile war ich auch im Sauerteigforum über Sauerteig gestolpert. Nach einigen weiteren Baguette-Versuchen, die immer besser wurden, entstand mein erstes Rezept „Baguette mit Sauerteig". Jetzt hatte ich auch schon die ersten Brotbackversuche hinter mir und meine Erfahrungen wuchsen. Ich möchte betonen, dass ich alle Kenntnisse aus dem Netz habe. In meinem früheren Berufsleben hatte ich nie etwas mit Backen zu tun und hätte mir auch nicht träumen lassen, dass es mal meine große Leidenschaft sein würde.

Speziell an Brötchen, Baguette & Co. reizt mich, mit einer absolut kleinen Menge an Hefe und einer lange Teigführung Geschmackserlebnisse zu produzieren, die es bei kaum noch einem Bäcker gibt. Die Rezepte müssen einfach und von jedermann nachbackbar sein.

Auf meinem Internet-Blog www.ketex.de beantworte ich Fragen zu meinen Rezepten und wie man am besten vorgeht. Angegliedert ist auch ein kleiner Shop www.ketex.de/onlineshop, in dem ich die Backutensilien, die ich auch selber benutze und getestet habe, anbiete. Außerdem gibt es Mehle und Getreide in kleine Mengen und Bio-Qualität.

Meine Backphilosophie

Getreu meinem Motto „Gutes Brot braucht seine Zeit" sind die meisten Rezepte in diesem Buch mit einer langen kalten Führung gemacht. Die langen Geh- und Ruhezeiten geben dem Gebäck erst den richtigen Geschmack. Und so kann auch die Hefemengen erheblich reduziert werden: für 1 kg Mehl braucht man nur 10 g Frischhefe (gegenüber 42 g, die es sonst braucht). Machen Sie einmal den Geschmackstest: Vergleichen Sie ein schnell gemachtes Brötchen vom Bäcker mit einem nach der langen kalten Führung Selbstgebackenen aus diesem Buch – der Unterschied ist gewaltig!

Ich weiß, so eine lange kalte Führung ist nicht ganz einfach in den Alltag zu integrieren, aber ich kann nur immer wieder betonen, es lohnt sich wirklich. Ganz besonders gute Ergebnisse erhält man auch beim Verbacken von altem Teig. Dafür nehmen Sie etwas von Ihrem Brotteig und lagern es 8 bis 10 Tage im Kühlschrank. Geben Sie diesen gelagerten Teig zu Ihrem frischen Teig dazu. Wer einmal Brötchen mit altem Teig gegessen hat, wird vom Geschmack überzeugt sein.

Aber Sie finden in meinem Buch auch zwei schnelle Rezepte, bei denen die frischen Brötchen schon nach 3 Stunden auf dem Tisch stehen.

Übung macht den Meister

Es ist mir wichtig, dass meine Rezepte gut nachzubacken sind – trotzdem wird Ihnen (wie auch mir) immer mal wieder etwas nicht wie gewünscht gelingen. Das kann an vielen Sachen liegen, zum Beispiel an der Luftfeuchtigkeit, der Raumtemperatur oder dem Backofen. Wie bei allem Handwerk gilt: „Übung macht den Meister". Lassen Sie sich durch Rückschläge nicht entmutigen. Gerne können Sie mir über mein Blog www.ketex.de Ihre Fragen zukommen lassen oder lesen, wie es anderen Backneulingen geht.

Anstellgut – eine „saure" Sache

Anstellgut ist nichts anderes als ein reifer Sauerteig, der zum Ansetzen von einem neuen Sauerteig eingesetzt wird. Das Anstellgut, also der gereifte Sauerteig, enthält Milchsäurebakterien und Sauerteighefen, die für den Geschmack und die Entwicklung des neuen Teigs notwendig sind.

Für das Anstellgut eignet sich jedes Mehl, auch Vollkornmehl, jedoch sind Mehle mit hoher Typennummer am besten dafür. Ich verwende meist Roggenmehl Type 1150, Weizenmehl Type 1050 oder Dinkelmehl Type 1050.

Herstellung, Pflege und Verwendung des Anstellguts

Nehmen Sie von Ihrem Sauerteig jeweils eine kleine Menge ab, den Sie dann als Anstellgut für den nächsten Teig verwenden.

10

Für das erste Anstellgut verfahren Sie folgendermaßen:

1. Tag
- 50 g Mehl + 50 g Wasser in einer Glas- oder Porzellanschüssel glatt verrühren (Kunststoff kann durch den Sauerteig angegriffen werden). Abdecken und 12 Stunden bei Raumtemperatur ruhen lassen, dann gut durchrühren und weitere 12 Stunden ruhen lassen.

2. Tag
- Wieder 50 g Mehl + 50 g Wasser glatt verrühren und mit dem Teig vermengen.
- Abdecken und 12 Stunden bei Raumtemperatur ruhen lassen, dann gut durchrühren und weitere 12 Stunden ruhen lassen.

3., 4. und 5. Tag
Die Prozedur von Tag 2 wiederholt sich täglich:
- Wieder 50 g Mehl + 50 g Wasser glatt verrühren und mit dem Teig vermengen.
- Abdecken und 12 Stunden bei Raumtemperatur ruhen lassen, dann gut durchrühren und weitere 12 Stunden ruhen lassen.

Am 6. Tag
sollte der Sauerteig fertig sein: Er riecht und schmeckt leicht säuerlich und zeigt kleine Bläschen. Von den jetzt entstanden 500 g nimmt man ca. 150 g Teig ab, gibt ihn in ein Schraubglas und stellt es in den Kühlschrank. Das ist das Anstellgut für die nächsten Sauerteigproduktionen. Die restlichen 350 g Sauerteig können sofort verbacken werden.

Anstellgut wird eingesetzt, um einem frischen Sauerteig mehr Aroma und eine bessere Triebfähigkeit zu verleihen. Geben Sie bei den ersten drei bis fünf Verwendungen eine kleine Menge Frischhefe (1 % der Gesamtmehlmenge) als Triebhilfe hinzu, bis das Anstellgut seine volle Triebfähigkeit erreicht hat. Bei Hefebroten wird aus den gleichen Gründen auch oft „alter Teig" eingesetzt. Das ist ein Rest vom letzten Teig, der im Kühlschrank aufbewahrt wurde.

So füttern Sie Ihr Anstellgut

Das Anstellgut wird – je nach entnommener Menge – jede Woche oder alle 14 Tage mit 50 g Mehl und 50 g Wasser gefüttert, glatt gerührt und 10 Stunden bei Raumtemperatur stehen gelassen. Danach wieder kühl gestellt. So gepflegt, kann der Sauerteigansatz lange erhalten bleiben und dabei geschmacklich immer besser werden.

Fehler und was Sie tun müssen

Wenn sich das Anstellgut rot, grün, bläulich oder schwarz verfärbt oder sich „Haare" darauf bilden, unbedingt entsorgen. Wenn das Anstellgut nach Nagellackentferner riecht oder sich oben drauf eine graue Flüssigkeit (Fusel) bildet, einfach nur umrühren und wieder füttern, nach 10 Stunden ist wieder alles in Ordnung.

Die Zeitplanung

Gute Brötchen brauchen Zeit

Ofenfrische Brötchen am frühen Morgen sind bei der langen Führung schwierig hinzubekommen, es sei denn, man arbeitet nachts. Ich gehe meistens so vor:

1. Tag, 8:00 Uhr morgens
Die Zutaten für den Vorteig verrühren, den Vorteig 2 Stunden bei Raumtemperatur anspringen lassen, dann in den Kühlschrank stellen.

1. Tag, 20:00 Uhr abends
Den Vorteig mit den restlichen Zutaten zum Hauptteig verkneten, dann in den Kühlschrank stellen.

2. Tag, 8:00 Uhr morgens
Den Teig aus dem Kühlschrank nehmen und 1–2 Stunden akklimatisieren lassen, die Brötchen formen und ca. 45–60 Minuten ruhen lassen, dann backen.

Einfrieren und Aufbacken

Wenn Sie aber schon früh am Morgen die leckeren Brötchen und Brote genießen wollen, machen Sie es am besten so wie ich:
- Brötchen oder Brot werden fertig gebacken.
- Abgekühlt werden sie portionsweise in einen Gefrierbeutel eingeschweißt (das Gebäck soll luftdicht verpackt sein, aber es soll kein Vakuum im Beutel erzeugt werden). Wenn Sie Brotscheiben einfrieren, legen Sie Brotpapier zwischen die Scheiben.
Achtung: Lassen Sie die Backwaren nicht länger als 3 Wochen im Tiefkühlgerät! Es kommt sonst beim Aufbacken zu Krustenschäden.
- Zum Aufbacken legen Sie die gefrorenen Brötchen in den kalten Backofen auf den Backrost. Stellen Sie den Backofen auf 165 °C. Wenn diese Temperatur erreicht ist, geben Sie noch 2–3 Minuten dazu, dann sind die Brötchen fertig. Wenn Sie ganze Brote aufbacken, geben Sie 25–30 Minuten dazu. Brotscheiben werden bei Zimmertemperatur aufgetaut.

Hefe braucht Wärme

Hefeteig braucht Wärme, um gut gehen zu können. Sollte Ihr Backofen über eine 30 °C Einstellung verfügen, dann ist das für Hefeteige wunderbar. Sie können sich aber auch ganz klassisch mit einer Wärmflasche und einer Kiste behelfen. Wenn Sie Ihre Liebe zum Backen entdeckt haben, lohnt sich auch der Kauf eines richtigen Gärgerätes.

Osterkranz
Rezept auf Seite 88

Backen mit langer kalter Führung

Der systematische Ablauf bei Hefeteig

Schritt	Vorgang	Abdecken	Ruhephase	
			Dauer	Temperatur
1	Vorteig anrühren: Start der Hefevermehrung, erkennbar an der Bläschenbildung	mit Frischhaltefolie	2–3 Stunden	Raumtemperatur
2	Den Vorteig von Schritt 1 für die Hefereifung in den Kühlschrank stellen	mit Frischhaltefolie	8–12 Stunden	Kühlschrank (+5 bis +8 °C), (mittlere oder obere Ebene)
3	Hauptteig ansetzen, 15 bis 18 Minuten in der Küchenmaschine kneten, dabei entwickelt sich das Klebergerüst	mit feuchtem Geschirrtuch	10–12 Stunden	Kühlschrank (+5 bis +8 °C)
4	Teiglinge formen	mit Abdeckfolie mit Untergewebe (siehe Seite 20/21)	1–1,5 Stunden	Raumtemperatur
5	Teiglinge backen: nur mit Ober- und Unterhitze			

Der systematische Ablauf bei Sauerteig ohne Hefezusatz

Schritt	Vorgang	Abdecken	Ruhephase	
			Dauer	Temperatur
1	Sauerteig ansetzen unter Verwendung von Anstellgut	mit Frischhaltefolie	16 Stunden	Raumtemperatur
2	Hauptteig ansetzen, Teig mit der Küchenmaschine 5 bis 7 Minuten kneten	mit Frischhaltefolie	30 Minuten	Raumtemperatur
3	Teiglinge formen	mit Abdeckfolie mit Untergewebe	75 Minuten	Raumtemperatur
4	Teiglinge backen: nur mit Ober- und Unterhitze			

Der systematische Ablauf bei Sauerteig mit Hefezusatz

Schritt	Vorgang	Abdecken	Ruhephase	
			Dauer	Temperatur
1	Sauerteig ansetzen unter Verwendung von Anstellgut	mit Frischhaltefolie	16 Stunden	Raumtemperatur
2	Vorteig ansetzen	mit Frischhaltefolie	2 Stunden 12 Stunden	Raumtemperatur Kühlschrank (+5 bis +8 °C)
3	Hauptteig ansetzen, Teig in der Küchenmaschine gut kneten	mit Frischhaltefolie	30 Minuten	Raumtemperatur
4	Teiglinge formen	mit Abdeckfolie mit Untergewebe	75 Minuten	Raumtemperatur
5	Teiglinge backen: nur mit Ober- und Unterhitze			

Das geschieht im Einzelnen bei Hefeteig

	Schritt	Zutaten	Was geschieht
1 + **2**	Vorteig anrühren und reifen lassen	Mehl + Wasser + Frischhefe	Die Hefe beginnt sich zu vermehren. Dabei verbraucht sie Mehl, das zu Alkohol und Kohlendioxid wird. Das Kohlendioxid erkennt man an den kleinen Bläschen.
3	Hauptteig ansetzen	Vorteig + Mehl + Wasser + Hefe + Salz + Backmalz	Durch intensives Kneten (15 bis 18 Minuten in der Küchenmaschine) verbinden sich Eiweißstoffe aus dem Mehl mit Wasser zu einem Gerüst (dem Klebergerüst), in das sich die durch die Hefevermehrung entstehenden Gase einlagern.
4	Teiglinge formen		Brötchen werden rund oder länglich geformt. Oft bekommen sie noch Schlitze, die man mit einem Brötchendrücker, scharfen Messer oder einer Rasierklinge tief in den Teig einritzt. Um die Teiglinge vor Austrocknung zu schützen, werden sie abgedeckt. Zudem bildet sich unter der Folie ein Mikroklima.
5	Teiglinge backen	Wasser	Durch die Hitze im Backofen entstehen Krume und Kruste, es entwickeln sich Geschmacksstoffe. Die Feuchtigkeit im Backofen sorgt dafür, dass der Teigling außen zunächst weich bleibt.

Das sollten Sie wissen

▼

Hefemenge: Die Hefemenge beträgt 1 % der Mehlmenge, dadurch kommt es hier oft zu krummen Werten wie 3,3 g. Wenn Sie keine so genaue Waage haben (ich empfehle eine Löffelwaage), können Sie die Hefemenge aufrunden.

- -

Hefemenge: auch hier können Sie die Menge aufrunden.
Salz: Sie können hier auch mal mit Fleur de Sel oder Meersalz experimentieren.
Backmalz: Das flüssige Backmalz ist enzyminaktiv und dient als Futter für die Hefe, rundet den Geschmack ab und gibt der Kruste eine dunklere Farbe. Backmalzpulver ist enzymaktiv und beschleunigt die Gärung.
Knetmaschine/Küchenmaschine: Brotteig ist viel schwerer als Kuchenteig. Wenn Sie Ihr Brot öfter selbst machen wollen, sollten Sie sich eine speziell dafür geeignete Küchenmaschine zulegen.

- -

Wirken, schleifen: Diese beiden Begriffe aus der Bäckersprache bedeuten „formen".
Bäckerleinen: Manche Teiglinge werden mit Bäckerleinen in Form gehalten und vor dem Aneinanderkleben geschützt (siehe Seite 72). Bäckerleinen hat den Vorteil, dass es nicht an den Brötchen haftet.
Abdeckfolie mit Untergewebe: Um die Teiglinge vor Austrocknung zu schützen, werden sie abgedeckt. Bei Verwendung von Frischhaltefolie oder einem Handtuch würde Teig daran kleben bleiben. Um das zu vermeiden, empfehle ich nichtklebende Abdeckfolie mit Untergewebe (siehe Seite 20). Alternativ können Sie auch ein gut bemehltes Geschirrtuch nehmen.

- -

Brote nur mit Ober- und Unterhitze backen! Umluft ist nicht geeignet.
Schwaden: Wenn die Teiglinge auf dem Blech in den heißen Ofen geschoben werden, wird mit einer feinen Blumenspritze (ich nehme eine Orchideenspitze) heißes Wasser links und rechts an die Backofenwände gesprüht, je Seite ca. 3 Sprühstöße. Nach 10 Minuten wird durch kurzes Öffnen der Backofentür der Dampf abgelassen.

- -

Fakten, die Sie wissen sollten

1 Mehl ist ein Naturprodukt. Somit kann die Feuchtigkeitsaufnahme sehr unterschiedlich sein. Daher die Flüssigkeit immer schluckweise zum Teig geben. So vermeidet man ein Auseinanderlaufen des Teiges durch eine zu hohe Flüssigkeitsmenge.

2 Beim Kneten gibt man die Butter erst kurz vor Schluss zu. Würde man sie vorher dazugeben, behindert das Fett die Bildung des Klebergerüstes, das für die Form und die Konsistenz wichtig ist.

3 Lernen Sie Ihren Backofen kennen, denn die Verteilung der Hitze wirkt sich aufs Backergebnis aus. Mancher Ofen backt hinten besser als vorne, dann sollten Sie das Gebäck nach der Hälfte der Backzeit einfach drehen.

4 Backen Sie Brote und Brötchen auf der untersten Schiene.

5 Alle Gebäcke nur mit Ober- und Unterhitze backen. Umluft trocknet das Gebäck zu schnell aus.

6 Bei Flüssigkeitszugaben bitte beachten, dass Milch Raumtemperatur haben sollte, Wasser wird aus dem Hahn genommen.

7 Garprobe: Die Brötchen sind gut, wenn man auf die Unterseite klopft und es schön hohl klingt.

8 Lassen Sie Ihr Gebäck auf einem Backrost abkühlen.

Ankarsrum Küchenmaschine

Das richtige Handwerkszeug

1. **Teigkarte** aus flexiblem Silicon. Durch die Flexibilität kann man den Teig sehr schön aus den Schüsseln schaben. Sie können aber auch einen normalen Teigschaber nehmen.

2. Dieser **Teigabstecher** aus Edelstahl ist ein Profiwerkzeug. Er ist sehr praktisch, um kleine Mengen Teig abzustechen. Sie können aber auch ein scharfes Messer nehmen.

3. **Semmeldrücker** gibt es in verschiedenen Ausführungen. Ich nehme sie, um den Brötchen eine schöne Form zu geben.

4. Die **Löffelwaage** ermöglicht das Abwiegen kleinster Mengen.

5. **Bäckerleinen** stützt die Teiglinge und durch das Hochfalten werden sie auch davor geschützt, miteinander zu verkleben (siehe Seite 72). Das Besondere hieran ist, dass der Teig nicht am Gewebe klebt. Bäckerleinen muss nicht bemehlt werden.

6. Mit dieser **Abdeckfolie** mit Untergewebe werden die Teiglinge abgedeckt, um Austrocknung zu verhindern, zudem bildet sich unter der Folie ein Mikroklima. Das Untergewebe verhindert das Ankleben der Folie am Teigling. Alternativ können Sie ein gut bemehltes Küchentuch nehmen.

7. Mit dem **Brotstempel** wurde das Grundnahrungsmittel Brot verziert. Dieses Brauchtum war entstanden, um Gott für die Nahrung zu danken.

Zusätzlich brauchen Sie bei den meisten Backgängen noch eine **Blumenspritze** mit sehr feiner Sprühdüse, mit der Wasser gegen die heißen Ofenwände gesprüht wird. Die Feuchtigkeit sorgt dafür, dass der Teig länger weich bleibt.

Schnelle Brötchen

Mein schnelles Backrezept:
In nur 3 Stunden stehen diese feinen Brötchen auf dem Frühstückstisch.

Zeiten
Zubereitung: 30 Minuten
Geh- und Ruhezeiten: 15 Minuten –
4 x 10 Minuten – 60 Minuten
Backzeit: 18–22 Minuten bei 230/190 °C

Sie brauchen
digitale und Löffelwaage
Küchenmaschine
Backblech mit Backfolie oder -papier
Teigabstecher oder scharfes Messer
Abdeckfolie mit Untergewebe oder
gut bemehltes Küchentuch
Backpinsel, Blumenspritze

Für den Teig
150 g Milch
150 g Wasser
1 TL Honig
30 g Frischhefe
250 g Weizenmehl 550
250 g Dinkelmehl 630
12 g Salz
2 EL Sonnenblumen-
oder Rapsöl
8 g enzymaktives Backmalzpulver (Internethandel)

Für die Streiche
10 g Kartoffelstärke
250 g Wasser

ergibt 10 Brötchen

1 Milch und Wasser mischen. 150 g von diesem Gemisch mit dem Honig und der Hefe verrühren und 15 Minuten stehen lassen. Dann alle anderen Zutaten sowie das restliche Milch-Wassergemisch unterrühren, zu einem glatten Teig verkneten und 10 Minuten stehen lassen.

2 Danach den Teig 5 Minuten durchkneten und nach der Methode „stretch and fold" behandeln (siehe Seite 100). Diese Prozedur 3-mal wiederholen.

3 Den Teig mit einem Teigabstecher oder Messer in 10 Portionen teilen und rund formen. Die Teiglinge auf das Backblech setzen. Abgedeckt 60 Minuten bei Raumtemperatur gehen lassen. Den Backofen auf 230 °C Ober- und Unterhitze vorheizen.

4 Die Oberfläche der Teigstücke mit einem scharfen Messer oder einer Rasierklinge einschneiden. Die Brötchen in den Backofen schieben, mit einer Blumenspritze heißes Wasser an die Ofenwände spritzen. Nach etwa 10 Minuten die Ofentür kurz öffnen und den restlichen Dampf abziehen lassen. Wenn die Brötchen Farbe angenommen haben, die Temperatur auf 190 °C zurückschalten. Insgesamt werden die Brötchen 18–22 Minuten gebacken. Die Kartoffelstärke mit dem Wasser verrühren, aufkochen und die heißen Brötchen damit bestreichen. Die Brötchen auf einem Rost abkühlen lassen.

Butterhörnchen

Butterhörnchen machen sich immer gut in einem gemischten Brotkorb. Das feine Gebäck passt sehr gut zu Marmelade oder Nougatcreme. Die Hörnchen nach diesem Rezept sind butterzart und sehr, sehr lecker.

Zeiten
Zubereitung: 30 Minuten
Geh- und Ruhezeiten: 30 Minuten
12 Stunden – 90 Minuten
Backzeit: 20–25 Minuten bei 190 °C

Sie brauchen
digitale und Löffelwaage
Küchenmaschine
Teigabstecher oder scharfes Messer
Backblech mit Backfolie oder –papier
Abdeckfolie mit Untergewebe oder
gut bemehltes Küchentuch

1 Die Milch mit dem Zucker und der Butter erwärmen, bis der Zucker sich aufgelöst hat. Die Eier verquirlen, in die Butter-Zucker-Milchmischung geben und glatt verrühren.

2 Das Mehl mit der Hefe mischen, die Eiermilch sowie das Backmalz hinzufügen und alles so lange kneten, bis sich der Teig vom Schüsselrand löst. 3 Minuten vor Ende der Knetzeit das Salz zugeben.

3 Den Teig in eine geölte Schüssel geben und mit Frischhaltefolie abgedeckt an einem warmen Ort 30 Minuten gehen lassen, bis sich die Teigmenge verdoppelt hat. Danach wandert er für 12 Stunden in den Kühlschrank (+ 5 °C, mittleres Fach).

4 Am nächsten Morgen den Teig aus dem Kühlschrank nehmen, flach drücken, um die Luft zu entfernen und dünn zu einem Kreis ausrollen. Den Teigkreis wie bei einer Torte in 8–10 Stücke schneiden. Diese Dreiecke von der breiten Seite her aufrollen und die Hörnchen wie ein Hufeisen leicht biegen. Mit genügend Abstand auf das Backblech legen und abgedeckt 90 Minuten bei Raumtemperatur gehen lassen. Den Backofen auf 190 °C Ober und Unterhitze vorheizen.

5 Für die Eistreiche alle Zutaten miteinander verquirlen und die Hörnchen nach der Gehzeit damit bepinseln. In den Backofen schieben und 20–25 Minuten backen, bis sie goldgelb sind.

Für den Hauptteig
120 g Milch
25 g Zucker
60 g Butter
2 Eier, Größe M
300 g Weizenmehl 550
10 g Frischhefe
1 TL flüssiges Backmalz
(Internethandel)
10 g Salz

Für die Eistreiche
1 Eigelb
10 g Milch
1 Prise Salz
1 Prise Zucker

---

ergibt 8 bis 10 Hörnchen

Abends den Hauptteig fertigstellen und am nächsten Morgen die Teiglinge formen und backen.

Kaisersemmel | Foto Seite 107

Die Herstellung dieser Kaisersemmel erinnert mich schon ein bisschen
an meine Kindertage, als ich mit Knete so Manches hergestellt habe. Wenn man dem
Teig genug Zeit gibt, lässt er sich gut formen.

Zeiten
Zubereitung: 30 Minuten
Geh- und Ruhezeiten: 2 x 12 Stunden
20 Minuten – 60 Minuten
Backzeit: 17–20 Minuten bei 230 °C

Sie brauchen:
digitale und Löffelwaage
Frischhaltefolie
Küchenmaschine
Teigabstecher oder scharfes Messer
Backblech mit Dauerbackfolie oder
Backpapier, Bäckerleinen
Abdeckfolie mit Untergewebe
oder gut bemehltes Küchentuch
Blumenspritze

Für den Vorteig
75 g Weizenmehl 550
75 g Dinkelmehl 630
15 g Roggenmehl 1150
165 g Wasser
2 g Frischhefe

Für den Hauptteig
Vorteig
5 g Frischhefe
165 g Wasser
150 g Weizenmehl 550
150 g Dinkelmehl 630
35 g Roggenmehl 1150
10 g Salz
1 TL flüssiges Backmalz
(Internethandel)

ergibt 9 Semmeln

1 Für den Vorteig alle Zutaten klümpchenfrei verrühren und gehen lassen, bis sich auf der Oberfläche des Teigs kleine Bläschen zeigen. Dann für 12 Stunden in den Kühlschrank (+ 5 °C, mittleres Fach) stellen.

2 Für den Hauptteig den Vorteig mit allen anderen Zutaten vermengen, mit der Küchenmaschine ca. 10–15 Minuten gut verkneten. Den Teig in eine leicht geölte Schüssel geben und abgedeckt erneut für 12 Stunden in den Kühlschrank stellen.

3 Den Teig am Backtag aus dem Kühlschrank nehmen, in 9 Teigstücke von je ca. 90 g teilen und rund formen. Abgedeckt 20 Minuten bei Raumtemperatur ruhen lassen.

4 Die Teiglinge 40 cm lang rollen (Bild a) und einen einfachen Knoten machen (Bild b). Das eine Ende nach oben (Bild c) und das andere Ende nach unten einschlagen (Bild d). Die Kaisersemmeln umgekehrt (Kopf nach unten) auf ein Leinentuch legen und ca. 50–60 Minuten gehen lassen. Den Backofen auf 230 °C Ober- und Unterhitze vorheizen.

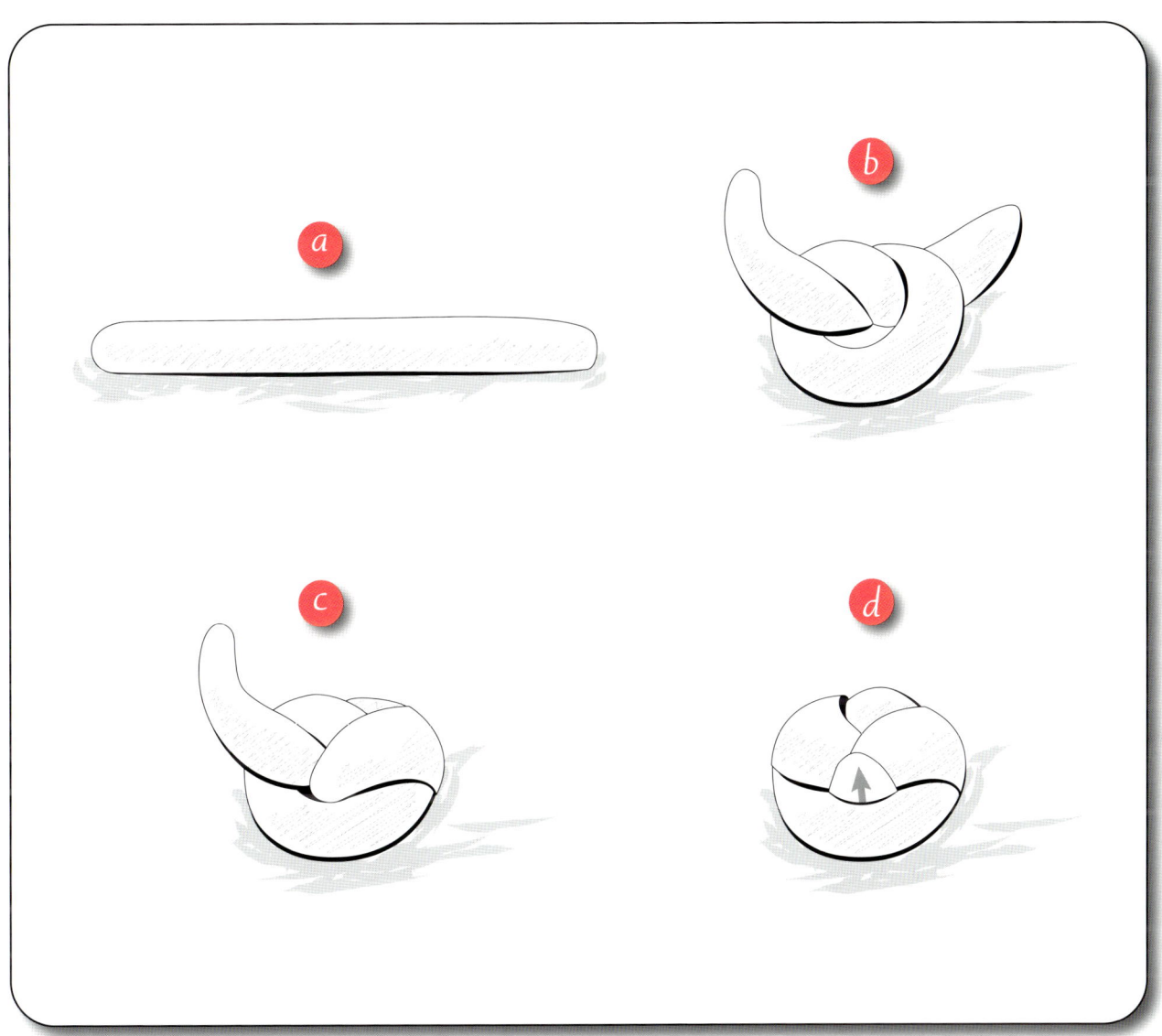

5 Die Semmeln wieder umdrehen und auf das Backblech legen. Das Blech in den Backofen schieben, mit einer Blumenspritze heißes Wasser an die Ofenwände spritzen. Nach 10 Minuten die Ofentür kurz öffnen, um den restlichen Dampf abzulassen. Die Semmeln ca. 17–20 Minuten backen, bis sie hellbraun sind. Sie sind gar, wenn man auf die Unterseite klopft und es schön hohl klingt. Die Brötchen auf einem Rost abkühlen lassen.

Am Morgen vor dem Backtag den Vorteig, abends den Hauptteig herstellen und am nächsten Morgen die Teiglinge formen und backen.

Sonntagsbrötchen

Diese Brötchen haben einen sehr feinen Geschmack, sie gehen schön
auf und die Krume ist sehr locker und schön großporig. Sie benötigen die gleichen Utensilien
wie bei den Kaisersemmel von Seite 28.

Für den Vorteig

10 g Salz
288 g Wasser
6 g Frischhefe
130 g Weizenmehl 550
130 g Dinkelmehl 630
28 g Roggenmehl 1150

Für den Hauptteig

10 g Salz
290 g Wasser
8 g Frischhefe
Vorteig
252 g Weizenmehl 550
252 g Dinkelmehl 630
56 g Roggenmehl 1150
42 g Schweineschmalz
10 TL flüssiges Backmalz
(Internethandel)

ergibt 18 Brötchen

1 Für den Vorteig zunächst das Salz in 100 g Wasser auflösen, dann die Hefe zugeben und verrühren. 30 Minuten bis 10 Stunden stehen lassen. Danach mit dem Mehl und dem restlichen Wasser klümpchenfrei verrühren und abgedeckt 12 Stunden bei Raumtemperatur stehen lassen.

2 Für den Hauptteig das Salz in 100 g Wasser auflösen, die Hefe hinzufügen und glatt rühren. 30 Minuten stehen lassen.

3 Danach alle Zutaten mit dem Vorteig so lange kneten, bis ein glatter Teig entstanden ist und sich von der Schüssel löst. Abgedeckt für 30 Minuten in den Kühlschrank stellen.

4 Den Teig durchkneten und 18 Teigstücke von ca. 85 g abstechen und rund formen. Die Oberflächen mit dem Brötchendrücker eindrücken (oder ein Messer benutzen), umgedreht auf Backbleche legen und für 12 Stunden in den Kühlschrank (+ 5 °C, mittleres Fach) stellen.

5 Die Bleche aus dem Kühlschrank nehmen, damit die Teiglinge sich akklimatisieren können. Den Backofen auf 230 °C Ober- und Unterhitze vorheizen. Die Teigstücke wieder umdrehen, mit Wasser besprühen und in den Backofen schieben, 17–23 Minuten backen. Sie sind gar, wenn man auf die Unterseite klopft und es schön hohl klingt. Die Brötchen auf einem Rost abkühlen lassen.

Am Morgen vor dem Backtag den Vorteig, am
Abend den Hauptteig herstellen und die Brötchen
formen. Am nächsten Morgen backen.

Buttercroissants
Rezept auf Seite 32

Buttercroissants | Foto Seite 31

Vor Blätterteig habe ich enormen Respekt. Ihn zu machen ist nicht ganz einfach, sehr zeitaufwendig und fordert viel Geduld, aber es lohnt sich wirklich. Man muss sich aber einige Zutaten vorher besorgen, z. B. kleberstarkes Weizenmehl 550 oder das französische Weizenmehl T55. Man kann auch Weizenkleber zusätzlich zugeben. Die Croissants sind zart splittrig und von einem exzellenten Geschmack.

Zeiten

Zubereitung:
30 Minuten

Geh- und Ruhezeiten:
2 Stunden – 14 Stunden –
2 x 60 Minuten –
4 x 90 Minuten – 3 Stunden

Backzeit:
15–18 Minuten bei 210 °C

Sie brauchen

digitale und Löffelwaage
Frischhaltefolie
Küchenmaschine
Teigabstecher oder
scharfes Messer
Backblech mit Dauerbackfolie
oder Backpapier
Backpinsel
Abdeckfolie mit
Untergewebe
oder gut bemehltes
Küchentuch
Nudelholz

1 Für den Vorteig alles gut verrühren und bei Raumtemperatur 2 Stunden gehen lassen. Dann abgedeckt für 14 Stunden in den Kühlschrank (+ 5 °C, mittleres Fach) stellen.

2 Für den Hauptteig den Vorteig und alle Zutaten 15 Minuten mit der Küchenmaschine zu einem homogenen Teig verkneten. Anschließend den Teig 60 Minuten im Kühlschrank ruhen lassen.

3 Die Butter etwas bemehlen, auf einer Frischhaltefolie zu einer Platte von 0,8 cm Dicke ausrollen und für 60 Minuten in den Kühlschrank stellen.

4 Danach den Teig doppelt so groß wie die Butterplatte ausrollen und die Butterplatte auf eine Hälfte legen. Die andere Hälfte darüberschlagen und die Ränder gut verschließen.

5 Den Teig nochmals etwas ausrollen und die schmalere Seite des Rechtecks zu einem Drittel einschlagen und das untere Drittel darüber schlagen (das nennt man eine einfache Tour). Den Teig vorsichtig wieder zu einem Rechteck ausrollen und für 90 Minuten in den Kühlschrank stellen.

6 Diese Prozedur 3-mal wiederholen. Den Teig dabei nicht unter 0,8 cm ausrollen, sonst reißen die Lagen. Zuletzt den Teig auf eine Stärke von ca. 0,3 cm ausrollen und mit einem scharfen Messer Dreiecke ausschneiden (am besten geht es, wenn Sie sich eine Schablone machen: Länge 15 cm, Breite 10 cm).

7 Nun die Dreiecke etwas in die Breite und dann in die Länge ziehen, von der breiten Seite her vorsichtig aufrollen und leicht gebogen auf das Backblech legen. Abgedeckt 3 Stunden bei Raumtemperatur gehen lassen (die Croissants können dann bis zum nächsten Morgen abgedeckt im Kühlschrank gelagert werden, müssen dann aber vor dem Backen ca. 30 Minuten Temperatur annehmen). Den Backofen auf 210 °C Ober- und Unterhitze vorheizen.

8 Für die Eistreiche alle Zutaten miteinander verquirlen und die Croissants damit bestreichen. Das Backblech in den Ofen schieben und die Croissants in 15–18 Minuten goldgelb backen (bei diesem Rezept wird kein Wasser an die Backofenwände gespritzt).

Bei den Croissants sollte man 3 Tage rechnen:
am 1. Tag wird abends der Vorteig angesetzt,
am 2. Tag wird vormittags der Hauptteig zubereitet und am
3. Tag wird gebacken.

Für den Vorteig
150 g kleberstarkes Weizenmehl 550 (ich habe französisches Mehl T55 genommen, Internethandel)
150 g Wasser
1,5 g Frischhefe

Für den Hauptteig
Vorteig
400 g kleberstarkes Weizenmehl 550 (ich habe 300 g französisches Mehl T55 und 100 g Manitoba-Mehl genommen, Internethandel)
125 g kalte Milch
18 g Frischhefe
55 g feiner Zucker
40 g weiche Süßrahmbutter
11 g Salz

Für die Butterplatte
300 g gut gekühlte Süßrahmbutter

Für die Eistreiche
2 Eigelbe
1 TL Wasser
1 gute Prise Salz
1 gute Prise Zucker

ergibt 12 Croissants

Rosinenbrötchen

Sie können den Geschmack noch verändern, indem Sie das Mark
einer Vanilleschote zum Teig geben.

Zeiten
Zubereitung: 40 Minuten
Geh- und Ruhezeiten: 45 Minuten – 12 Stunden –
45 Minuten – 30 Minuten
Backzeit: 17–23 Minuten bei 180 °C

Sie brauchen
digitale und Löffelwaage
Küchenmaschine
Backblech mit Backfolie oder Backpapier
Abdeckfolie mit Untergewebe oder
gut bemehltes Küchentuch

1 Für den Vorteig alle Zutaten gut verkneten und für 45 Minuten schön warm stellen (optimal sind 25 °C, bei Raumtemperatur dauert es ca. 60–75 Minuten). Danach kommt er für 12 Stunden in den Kühlschrank (über Nacht).

2 Den Vorteig aus dem Kühlschrank nehmen und Temperatur annehmen lassen. Für den Hauptteig aus dem Vorteig und allen anderen Zutaten einen homogenen Teig kneten und 45 Minuten bei Raumtemperatur gehen lassen.

3 Danach 11 Stücke von ca. 105 g abwiegen und rund formen. Auf das Backblech legen und unter der Abdeckfolie bei Raumtemperatur nochmals 30 Minuten ruhen lassen. Den Backofen auf 180 °C Ober- und Unterhitze vorheizen.

4 Alle Zutaten für die Eistreiche verquirlen und die Brötchen damit bestreichen. In den Backofen schieben und 17–23 Minuten backen, bis sie schön goldbraun sind.

Bereiten Sie den Vorteig schon am
Vorabend zu, stellen Sie ihn abgedeckt in den
Kühlschrank (+ 5 °C, mittleres Fach) und lassen Sie ihn
morgens nur schnell Raumtemperatur annehmen.

Für den Vorteig
150 g Milch
20 g Frischhefe
200 g Weizenmehl 550

Für den Hauptteig
Vorteig
300 g Weizenmehl 550
100 g weiche Butter
50 g Zucker
100 g Quark (20 % Fett i. Tr.)
8 g Salz
2 Eigelbe
175 g Rosinen
1 TL flüssiges Backmalz
(Internethandel)

Für die Eistreiche
1 Eigelb
50 g Milch
1 Prise Zucker
1 Prise Salz

ergibt 11 Brötchen

Müslibrötchen | Foto Seite 107

Diese Brötchen sind wunderbar vielseitig: Sie schmecken pur, aber auch Käse, Marmelade und auch Wurst, die nicht so kräftig ist, eignen sich als Belag. Natürlich schmecken sie auch mit Nussnougatcreme ganz hervorragend. Die Beeren geben den Müslibrötchen einen süßen Geschmack. Sie eignen sich dadurch auch gut ohne Butter und Belag als Proviant bei Wanderungen. Außerdem geben Rosinen und Cranberries mit ihrem Zuckeranteilen auch einen schnellen Energiekick.

Zeiten
Zubereitung:
30 Minuten

Geh- und Ruhezeiten:
16–18 Stunden –
20 Minuten – 60 Minuten

Backzeit:
16–18 Minuten bei 230 °C

Sie brauchen
digitale und Löffelwaage
Küchenmaschine
Frischhaltefolie
Backpinsel
Teigabstecher
oder scharfes Messer
Abdeckfolie mit
Untergewebe
oder gut bemehltes
Küchentuch
Bäckerleinen
Backblech mit Backfolie
oder Backpapier
Blumenspritze

1 Für den Sauerteig alle Zutaten gut verrühren und abgedeckt 16–18 Stunden bei Raumtemperatur (besser wäre eine Temperatur von 26 °C) gehen lassen.

2 Für das Quellstück die Flocken mit dem Wasser übergießen und bis zum nächsten Morgen quellen lassen.

3 Für den Hauptteig den Sauerteig und das Quellstück mit den anderen Zutaten 5–7 Minuten in der Küchenmaschine kneten. Zuletzt die Früchte-Körner-Mischung hinzugeben und weitere 2 Minuten kneten. Den Teig abgedeckt 20 Minuten gehen lassen.

4 Danach den Teig durchkneten, mit dem Messer oder einem Teigabstecher 9 Teiglinge von ca. 110 g abstechen und zunächst rund, dann länglich formen. Mit Wasser bestreichen und in der Mischung aus Sesam, Leinsamen und Dinkelflocken wälzen. Die Oberfläche einschneiden und zum Gehen bei Raumtemperatur für ca. 60 Minuten zugedeckt auf Bäckerleinen legen. Den Backofen auf 230 °C Ober- und Unterhitze vorheizen

5 Die Brötchen auf das Backblech legen und in den Backofen schieben. Mit einer Blumenspritze heißes Wasser an die Ofenwände spritzen. Nach 10 Minuten die Ofentür kurz öffnen, um den restlichen Dampf abzulassen. Die Brötchen insgesamt ca. 16–18 Minuten backen. Sie sind gar, wenn man auf die Unterseite klopft und es schön hohl klingt. Die Brötchen auf einem Rost abkühlen lassen.

Wenn man das Quellstück und den Sauerteig schon am Abend vorbereitet, ist das Formen und Backen der Brötchen eine ziemlich schnelle Angelegenheit. Nach 2 Stunden hat man frische Müslibrötchen auf dem Tisch.

Für den Sauerteig
75 g Roggenmehl 1150
60 g Wasser
8 g Roggenanstellgut
(siehe Seite 10/11)

Für das Quellstück
225 g warmes Wasser
(ca. 60 °C)
75 g Dinkelflocken
75 g kernige Haferflocken

Für den Hauptteig
Sauerteig Quellstück
250 g Weizenmehl 550
15 g Honig
10 g Frischhefe
10 g Salz
65 g Wasser
100 g Früchte- und
Körner-Mischung

Für die Früchte- und Körner-Mischung
20 g Rosinen
20 g Cranberries
25 g ganze Haselnüsse
(geröstet)
25 g Sonnenblumenkerne
(geröstet)
5 g Leinsamen
5 g Sesam (geröstet)

Zum Wälzen
Sesam
Leinsamen
Dinkelflocken

———————

ergibt 9 Brötchen

Bagels

Ich kann nur sagen: Nachbacken!!! Es lohnt sich. Mit Frischkäse und Räucherlachs belegt einfach nur lecker! Neben einem Thermometer brauchen Sie die gleichen Utensilien wie bei den Franzbrötchen von Seite 64.

Für den Vorteig

150 g Wasser
1,5 g Frischhefe
75 g Weizenmehl 550
75 g Weizenvollkornmehl

Für den Hauptteig

Vorteig
300 g Weizenmehl 550
50 g Roggenmehl 1150
150 g Wasser
30 g Zucker
10 g Salz
8,5 g Frischhefe
1 EL Sonnenblumenöl

Für das Honigwasser

1 TL Honig
1 l Wasser

Für die Eistreiche

1 Eigelb
1 EL Milch
1 EL Wasser

Zum Wälzen

Mohn oder Sesam

ergibt 6–8 Bagels (je nach Größe Ihrer Hand)

1 Für den Vorteig alle Zutaten klümpchenfrei verrühren und 2 Stunden bei Raumtemperatur ruhen lassen. Danach mit Frischhaltefolie abgedeckt für 12 Stunden in den Kühlschrank (+ 5 °C, mittleres Fach) stellen.

2 Für den Hauptteig den Vorteig und alle anderen Zutaten in der Küchenmaschine 12–15 Minuten kneten. Dann in eine geölte Schüssel geben und abgedeckt 50–60 Minuten gehen lassen.

3 Danach Stücke von ca. 100 g abwiegen und etwas rund formen. Die Teiglinge platt drücken und zu einer etwa 35 cm langen Rolle formen. Die Rolle locker um die Hand legen, so dass sich die Enden in der Handfläche befinden. Jetzt die Hand auf dem Tisch hin und her rollen, damit sich die Enden gut miteinander verbinden. Die geformten Teiglinge noch einmal 30 Minuten gehen lassen.

4 Den Honig mit dem Wasser aufkochen und dann bei 70–80 °C simmern lassen. Die Teiglinge darin 30 Sekunden von jeder Seite garen und auf das Backblech legen. Den Backofen auf 230 °C Ober- und Unterhitze vorheizen.

5 Das Ei mit Milch und Wasser verquirlen. Die Teiglinge damit bestreichen, dann in Sesam oder Mohn wälzen. Die Bagels in den Ofen schieben und 25–30 Minuten backen, bis sie hellbraun sind.

Am Abend vor dem Backtag den Vorteig zubereiten. Am Backtag braucht man ca. 3 Stunden, um die Bagels fertig zu backen.

Mohn- und Sesambrötchen

Mohn- und Sesambrötchen sind relativ leicht zu backen. Sie haben einen aromatischen Saatenbelag und eine schöne, rösche Kruste.

Zeiten
Zubereitung: 30 Minuten
Geh- und Ruhezeiten: 2 Stunden –
2 x 12 Stunden – 60 Minuten
Backzeit: 18–21 Minuten bei 230–240 °C

Sie brauchen
digitale und Löffelwaage
Frischhaltefolie, Küchenmaschine
Backblech mit Backpapier
oder -folie, Teigabstecher
scharfes Messer, Bäckerleinen
Abdeckfolie mit Untergewebe oder
gut bemehltes Küchentuch
Blumenspritze

Für den Vorteig
330 g Wasser | 3,3 g Frischhefe
150 g Weizenmehl T65
(550er geht natürlich auch)
150 g Dinkelmehl 630
30 g Roggenmehl 1150

Für den Hauptteig
Vorteig
300 g Weizenmehl T65
300 g Dinkelmehl 630
70 g Roggenmehl 1150
300 g Wasser | 20 g Salz
10 g Frischhefe
1 TL flüssiges Backmalz

Zum Wälzen
Sesam | Mohn

ergibt 18 Brötchen

1 Für den Vorteig alles klümpchenfrei verrühren und 2 Stunden ruhen lassen, dann für 10–12 Stunden abgedeckt in den Kühlschrank (+ 5 °C, mittleres Fach) stellen.

2 Für den Hauptteig den Vorteig mit allen Zutaten so lange kneten, bis sich der Teig von der Schüssel löst (ich habe 18 Minuten mit der Küchenmaschine geknetet). Danach den Teig in eine große Schüssel geben und abgedeckt für 12 Stunden in den Kühlschrank stellen.

3 Den Teig am Backtag aus dem Kühlschrank nehmen und akklimatisieren lassen. Dann 18 Teile à 93 g abwiegen und die Stücke zunächst rund, dann etwas lang formen. Die Oberfläche mit Wasser einpinseln und in Mohn oder Sesam wälzen. Mit einem Messer der Länge nach einschneiden, den Schnitt wieder zusammendrücken und mit der Saatenseite nach unten in die Leinentücher legen (siehe Seite 72). Abdecken und 60 Minuten gehen lassen. Den Backofen auf 230–240 °C Ober- und Unterhitze vorheizen.

4 Die Teiglinge umdrehen und auf das Backblech legen. Nochmals vorsichtig mit Wasser bestreichen, in den Backofen schieben und mit einer Blumenspritze heißes Wasser an die Ofenwände spritzen. Nach etwa 10 Minuten die Ofentür kurz öffnen und den restlichen Dampf abziehen lassen. Die Brötchen insgesamt 18–21 Minuten backen. Sie sind gar, wenn man auf die Unterseite klopft und es schön hohl klingt. Die Brötchen auf einem Rost abkühlen lassen.

Am Morgen vor dem Backtag
den Vorteig zubereiten und am
Abend den Hauptteig, dann
kann man am nächsten Morgen
die Brötchen aus dem Kühlschrank nehmen, aufarbeiten
und backen.

Dinkelbrötchen | Foto Seite 41

Dinkel ist die Diva unter den Getreiden. Diese Brötchen bestehen aber nicht nur aus Dinkelmehl, 10 Prozent der erforderlichen Mehlmenge habe ich durch Roggenmehl 1150 ersetzt – für einen kernigeren Geschmack.

Für den Vorteig
330 g Wasser
3,5 g Frischhefe
300 g Dinkelmehl 630
30 g Roggenmehl 1150

Für den Sauerteig
100 g Dinkelmehl 630
70 g Wasser
10 g Weizenanstellgut,
  siehe Seite 10/11

Für den Hauptteig
Vorteig
Sauerteig
600 g Dinkelmehl 630
70 g Roggenmehl 1150
270 g Wasser
4 g Frischhefe
1 EL flüssiges Backmalz
  (Internethandel)
20 g Salz

Für die Körner- und Saatenmischung
5 EL Sesam
5 EL Leinsamen
5 EL Sonnenblumenkerne

ergibt 18 Brötchen

1 Für den Vorteig alles klümpchenfrei verrühren und abgedeckt 2 Stunden bei Raumtemperatur ruhen lassen, dann für weitere 8–12 Stunden in den Kühlschrank (+ 5 °C, mittleres Fach) stellen.

2 Für den Sauerteig alle Zutaten gut verrühren und abgedeckt bei Raumtemperatur 12 Stunden reifen lassen.

3 Für den Hauptteig den Vor- und Sauerteig mit allen Zutaten bis auf das Salz 10–15 Minuten in der Küchenmaschine kneten und erst 2 Minuten vor Schluss das Salz zugeben. Den fertigen Teig über Nacht (12 Stunden) wieder in den Kühlschrank stellen.

4 Am nächsten Morgen vom Teig 90-g-Portionen abwiegen und rund formen. Mit Wasser bepinseln und in der Körner- und Saatenmischung wälzen. Die Teiglinge auf Bäckerleinen (siehe Seite 72) legen und abgedeckt 2 Stunden gehen lassen. Den Backofen auf 230 °C Ober- und Unterhitze vorheizen.

Am Morgen vor dem Backtag den Vorteig und den Sauerteig ansetzen. Abends den Hauptteig herstellen. Am nächsten Morgen die Brötchen nur noch formen, gehen lassen und backen.

5 Die Teiglinge auf Backbleche legen und mit dem Brötchendrücker stempeln. In den Backofen schieben und mit einer Blumenspritze heißes Wasser an die Ofenwände spritzen. Nach etwa 10 Minuten die Ofentür kurz öffnen und den restlichen Dampf abziehen lassen. Die Brötchen insgesamt 17–20 Minuten backen. Sie sind gar, wenn man auf die Unterseite klopft und es schön hohl klingt. Die Brötchen auf einem Rost abkühlen lassen.

Dinkel

Dinkel, diese 5000 Jahre alte Getreideart, ist groß im Kommen. Kein Wunder, denn die gesunden Inhaltsstoffe und der nussige Geschmack sowie die guten Backeigenschaften sind eine Bereicherung für jede Küche. Und obwohl Dinkel eine Weizenart ist, wird er doch von Weizenallergikern meist problemlos vertragen. Allerdings ist auch Dinkel ein glutenhaltiges Getreide und sollte bei einer Glutenunverträglichkeit gemieden werden.

Zeiten
Zubereitung:
30 Minuten

Geh- und Ruhezeiten:
2 Stunden –
2 x 12 Stunden – 2 Stunden

Backzeit:
17–20 Minuten bei 230 °C

Sie brauchen
digitale und Löffelwaage
Frischhaltefolie
Küchenmaschine
Teigabstecher
Backblech mit Backfolie
oder
Backpapier
Backpinsel
Abdeckfolie mit
Untergewebe
oder gut bemehltes
Küchentuch
Bäckerleinen
Brötchendrücker
Blumenspritze

Schusterjungen

Eigentlich sind die Schusterjungen durch eine Schusseligkeit von mir entstanden. Ich hatte zu viel Sauerteig angesetzt. Kurzerhand machte ich Brötchen daraus. Hier nun das Ergebnis. Viel Spaß beim Nachbacken.

Zeiten
Zubereitung: 30 Minuten
Geh- und Ruhezeiten: 16 Stunden –
30 Minuten – 75 Minuten
Backzeit: 20 Minuten bei 240 °C

Sie brauchen
digitale und Löffelwaage
Frischhaltefolie
Küchenmaschine
Teigabstecher
Backblech mit Backfolie oder Backpapier
Abdeckfolie mit Untergewebe oder
gut bemehltes Küchentuch
Blumenspritze

1 Für den Sauerteig alles gut verrühren und abgedeckt 16 Stunden bei Raumtemperatur gehen lassen.

2 Für den Hauptteig den Sauerteig mit allen anderen Zutaten in der Küchenmaschine 7 Minuten kneten und den Teig dann 30 Minuten ruhen lassen.

3 Danach 12 Teiglinge von ca. 100 g abwiegen und rund formen. Die Brötchen auf ein Backblech legen, mit der Folie abdecken und bei Raumtemperatur 75 Minuten gehen lassen. Den Backofen auf 240 °C Ober- und Unterhitze vorheizen.

4 Die Brötchen mit etwas Mehl bestäuben. In den Backofen schieben und mit einer Blumenspritze heißes Wasser an die Ofenwände spritzen. Nach etwa 10 Minuten die Ofentür kurz öffnen, um den restlichen Dampf abziehen zu lassen. Die Brötchen insgesamt 20 Minuten backen. Sie sind gar, wenn man auf die Unterseite klopft und es schön hohl klingt. Die Brötchen auf einem Rost abkühlen lassen.

Für den Sauerteig
330 g Roggenmehl 1150
264 g Wasser
33 g Roggenanstellgut,
siehe Seite 10/11

Für den Hauptteig
Sauerteig
344 g Roggenmehl 1150
204 g Wasser
14 g Salz
10 g Frischhefe
7,5 g Roggenmalz
1 TL flüssiges Backmalz
(Internethandel)

ergibt 12 Stück

Am späten Nachmittag vor dem Backtag den Sauerteig ansetzen. Dann kann man am nächsten Morgen den Hauptteig herstellen, die Brötchen formen und nach der Gehzeit backen.

Dinkelbrötchen mit Hartweizenmehl

Hier ein Rezept für Dinkelbrötchen mit einem kleinen Anteil von Hartweizenmehl. Das Ergebnis sind ganz feine, luftig leichte Brötchen mit einem zarten Aroma und einer zarten Kruste. Da Dinkel ein Getreide ist, das immer etwas trockener backt, ist die Feuchtigkeitsmenge etwas erhöht. Sie benötigen die gleichen Utensilien wie bei den Schusterjungen von Seite 44.

Für den Vorteig
165 g Wasser
1,5 g Frischhefe
150 g Dinkelmehl 630
15 g Hartweizenmehl

Für den Hauptteig
Vorteig
300 g Dinkelmehl 630
35 g Hartweizenmehl
135 g Wasser
10 g Salz
3,5 g Frischhefe
1 TL Butter (ca. 15 g)
1 TL flüssiges Backmalz
(Internethandel)

ergibt 9 Brötchen

1 Für den Vorteig alle Zutaten klümpchenfrei verrühren und bei Raumtemperatur 2 Stunden ruhen lassen. Wenn sich vereinzelt kleine Bläschen zeigen, den Teig abgedeckt bei + 5 °C für 8–10 Stunden in den Kühlschrank stellen (mittleres Fach).

2 Für den Hauptteig den Vorteig und alle anderen Zutaten in der Küchenmaschine so lange kneten, bis ein homogener Teig entstanden ist. Danach wird der Teig rund geformt und kommt in eine große Schüssel, die mit einem feuchten Küchenhandtuch abgedeckt wird. Nun geht es für 12 Stunden wieder in den Kühlschrank.

3 Am nächsten Morgen nimmt man den Teig aus dem Kühlschrank und lässt ihn 60 Minuten bei Raumtemperatur akklimatisieren. Dann 9 Teigstücke von etwa 90–93 g abwiegen, rund formen und auf das Backblech setzen. Abgedeckt schön warm nochmals 90 Minuten gehen lassen. Den Backofen auf 230 °C Ober- und Unterhitze vorheizen.

4 Die Teiglinge mit etwas Mehl bestäuben, in den Backofen schieben und mit einer Blumenspritze heißes Wasser an die Ofenwände spritzen. Nach etwa 10 Minuten die Ofentür kurz öffnen und den restlichen Dampf abziehen lassen. Die Brötchen insgesamt 15–18 Minuten backen. Sie sind gar, wenn man auf die Unterseite klopft und es schön hohl klingt. Die Brötchen auf einem Rost abkühlen lassen.

Am Morgen vor dem Backtag den Vorteig anfertigen. Abends den Hauptteig und am nächsten Morgen die Teiglinge formen und backen.

Fränzchen | Foto Seite 47

Die Wortkreation für diese 5-Korn-Roggenbrötchen stammt nicht von mir;
ich habe den Namen Fränzchen aus Düsseldorf von der Bäckerei Hinkel mitgebracht.
Ich fand den Namen und auch die dreieckige Form sehr ausgefallen und lustig.
Das 5-Korn-Schrot gibt den Brötchen eine kräftige und sehr knusprige Kruste.

Zeiten
Zubereitung:
30 Minuten

Geh- und Ruhezeiten:
16 Stunden – 30 Minuten –
75–90 Minuten

Backzeit:
20 Minuten bei 250/230 °C

Sie brauchen
digitale und Löffelwaage
Frischhaltefolie
Küchenmaschine
Teigabstecher
Backpinsel
Backblech mit Backfolie
oder Backpapier
Abdeckfolie mit
Untergewebe
oder gut bemehltes
Küchentuch
Blumenspritze

1 Für den Sauerteig alle Zutaten gut vermischen und abgedeckt 16 Stunden bei Raumtemperatur reifen lassen.

2 Für den Vorteig alle Zutaten glatt rühren und ebenfalls
abgedeckt 16 Stunden bei Raumtemperatur reifen lassen.

3 Für das Quellstück die Kornmischung mit dem kochenden
Wasser übergießen und ebenfalls abgedeckt 16 Stunden
quellen lassen.

4 Für den Hauptteig Sauer- und Vorteig, das Quellstück und
alle anderen Zutaten 7 Minuten in der Küchenmaschine zu
einem glatten Teig verkneten. Abgedeckt 30 Minuten ruhen
lassen.

5 Jetzt wird der Teig rund geformt und anschließend auf der
bemehlten Arbeitsfläche gleichmäßig ca. 1 cm dick ausgerollt.
Nun gleich große Quadrate mit ca. 10 cm Seitenläge ausste-
chen und diese diagonal in 2 Dreiecke schneiden. Die Dreiecke mit Wasser bepinseln, im 5-Korn-Schrot wälzen und auf
das Backblech legen. Abgedeckt 75–90 Minuten gehen lassen.
Den Backofen auf 250 °C Ober- und Unterhitze vorheizen.

Am Abend vor dem Backtag den Sauerteig, den Vorteig und das Quellstück fertig
machen. Am nächsten Morgen ist das Backen dann keine große Sache mehr.

6 Das Backblech in den Ofen schieben und mit einer Blumenspritze heißes Wasser an die Ofenwände spritzen. Nach etwa 10 Minuten die Ofentür kurz öffnen und den restlichen Dampf abziehen lassen. Die Brötchen 10 Minuten anbacken, dann die Temperatur auf 230 °C reduzieren und die Fränzchen in weiteren 10 Minuten fertig backen. Sie sind gar, wenn man auf die Unterseite klopft und es schön hohl klingt. Die Brötchen auf einem Rost abkühlen lassen.

Für den Sauerteig
120 g Wasser
12 g Roggenanstellgut,
  siehe Seite 10/11
120 g Roggenvollkornmehl

Für den Vorteig
100 g Wasser
1 g Frischhefe
100 g Weizenmehl 1050

Für das Quellstück
150 g 5-Korn-Schrot
40 g Sonnenblumenkerne,
  geröstet und grob
  zerkleinert
40 g Kürbiskerne, geröstet
  und grob zerkleinert
220 g kochendes Wasser

Für den Hauptteig
Sauerteig
Vorteig
Quellstück
220 g Weizenmehl 1050
120 g Roggenmehl 1150
140 g Wasser
5 g Frischhefe
18 g Salz
5 g Roggenmalz
  (Internethandel)

ergibt 12 Fränzchen

Baguettebrötchen

Zu Silvester gibt es sicherlich bei Vielen ein leckeres Fondue oder Raclette, wozu diese Baguette-brötchen hervorragend passen. Aber auch zum Frühstück sind sie ein Gedicht.

Zeiten
Zubereitung: 30 Minuten
Geh- und Ruhezeiten: 2 Stunden –
2 x 12 Stunden – 90–120 Minuten
Backzeit: 20 Minuten bei 230 °C

Sie brauchen
digitale und Löffelwaage
Frischhaltefolie, Küchenmaschine
Teigabstecher
Backblech mit Dauerbackfolie oder
Backpapier, Nudelholz
Abdeckfolie mit Untergewebe oder
gut bemehltes Küchentuch
Blumenspritze

Für den Vorteig
330 g Wasser
3,3 g Frischhefe
150 g Weizenmehl 550
150 g Weizenmehl 1050
30 g Roggenmehl 1150

Für den Hauptteig
Vorteig
300 g Wasser
4,7 g Frischhefe
300 g Weizenmehl 550
300 g Weizenmehl 1050
70 g Roggenmehl 1150
20 g Salz
1 EL flüssiges Backmalz
(Internethandel)

ergibt 18 Stück

1 Für den Vorteig alle Zutaten klümpchenfrei verrühren und in einer großen Schüssel abgedeckt 2 Stunden bei Raumtemperatur ruhen lassen. Danach die Schüssel für 12 Stunden in den Kühlschrank (+ 5 °C, mittleres Fach) stellen.

2 Für den Hauptteig den Vorteig und alle anderen Zutaten in der Küchenmaschine 20 Minuten langsam kneten. Den Teig eine Runde strecken und falten (stretch & fold, siehe Seite 100) und in eine große Schüssel geben. Mit Frischhaltefolie abdecken und für mindestens 12 Stunden in den Kühlschrank stellen. Die Zeit im Kühlschrank kann bis auf 18 Stunden ausgedehnt werden, wie es gerade in den Tagesablauf passt.

3 Dann Teiglinge zu je 90–95 g abwiegen und rund formen, etwas abflachen und zu einem Oval ausrollen. Von der Seite her aufrollen, auf ein Blech setzen und abgedeckt bei Raumtemperatur 90–120 Minuten gehen lassen. Den Backofen auf 230 °C Ober- und Unterhitze vorheizen.

4 Die Teiglinge zweimal quer einschneiden und in den Ofen schieben. Mit einer Blumenspritze heißes Wasser an die Ofenwände spritzen. Nach etwa 10 Minuten die Ofentür kurz öffnen und den restlichen Dampf abziehen lassen. Die Brötchen 20 Minuten backen, bis sie schön goldbraun sind. Sie sind gar, wenn man auf die Unterseite klopft und es schön hohl klingt. Die Brötchen auf einem Rost abkühlen lassen.

Am Morgen vor dem Backtag den Vorteig herstellen, abends den Hauptteig. Am nächsten Morgen die Teiglinge formen und backen.

Krusties mit altem Teig | Foto Seite 51

Da ich mit altem Teig hervorragende Geschmacksergebnisse erziele, habe ich diese Krusties gebacken. Sie sind sehr lecker und schön kross. Für den „alten Teig" hatte ich von meinem letzten Brötchenteig 350 g abgenommen und in den Kühlschrank gestellt. Er kann mehrere Tage alt sein. Je länger er im Kühlschrank liegt, desto intensiver wird der Geschmack des neuen Gebäcks.

Für den Vorteig
200 g Wasser
2 g Frischhefe
200 g Weizenmehl T 65
(550er geht natürlich auch)

Für den Hauptteig
Vorteig
350 g alter Teig
430 g Wasser
8 g Frischhefe
800 g Weizenmehl T 65
15 g Butter
1 EL flüssiges Backmalz
(Internethandel)
20 g Salz

ergibt 16 Krusties

1 Für den Vorteig am Morgen alles klümpchenfrei verrühren und 2 Stunden abgedeckt ruhen lassen. Anschließend wandert der Teig bis abends (für ca. 10–12 Stunden) in den Kühlschrank (+ 5 °C, mittleres Fach).

2 Für den Hauptteig den Vorteig, den alten Teig und alle Zutaten bis auf das Salz 15 Minuten in der Küchenmaschine kneten, dann das Salz zugeben und noch einmal 3 Minuten kneten. Danach den Teig aus der Knetschüssel nehmen, 350 g davon abnehmen und für das nächste Backen mit altem Teig abgedeckt in einer Schüssel im Kühlschrank aufbewahren. Den restlichen Teig in eine große Schüssel legen, mit einem feuchten Küchentuch abdecken und über Nacht (für 12 Stunden) in den Kühlschrank stellen.

3 Am Morgen den Teig aus dem Kühlschrank nehmen und 60 Minuten akklimatisieren lassen. Dann 16 Stücke von 100–105 g abwiegen und rund formen. Die Teiglinge etwas oval ausrollen und von der Längsseite her einmal von links und dann von rechts einschlagen. Umgedreht (die glatte Unterseite kommt nach oben) in das Bäckerleinen legen und 60–70 Minuten gehen lassen, dabei mit der Folie abdecken, damit die Oberfläche nicht austrocknet. Den Backofen auf 230 °C Ober- und Unterhitze vorheizen.

4 Die Teiglinge umdrehen und auf das Backblech legen. In den Ofen schieben und mit einer Blumenspritze heißes Wasser an die Ofenwände spritzen. Nach etwa 10 Minuten die Ofentür kurz öffnen und den restlichen Dampf abziehen lassen. Die Brötchen insgesamt 20 Minuten backen. Sie sind gar, wenn man auf die Unterseite klopft und es schön hohl klingt. Die Brötchen auf einem Rost abkühlen lassen.

Am Morgen vor dem Backtag den Vorteig herstellen. Abends den Hauptteig zubereiten und am nächsten Morgen die Teiglinge formen und backen.

Zeiten
Zubereitung:
30 Minuten

Geh- und Ruhezeiten:
2 Stunden – 2 x 12 Stunden –
60 Minuten – 60–70 Minuten

Backzeit:
20 Minuten bei 230 °C

Sie brauchen
digitale und Löffelwaage
Frischhaltefolie
Küchenmaschine
Küchentuch
Teigabstecher
Nudelholz
Backblech mit Dauerbackfolie oder Backpapier
Bäckerleinen
Abdeckfolie mit Untergewebe
oder gut bemehltes Küchentuch
Blumenspritze

Weizenvollkornbrötchen

Eine Backfreundin bat mich um ein Brötchenrezept mit Vollkornmehl.
Herausgekommen ist dieses feine Rezept. Eine leckere Ergänzung für den Brotkorb.

Zeiten
Zubereitung: 30 Minuten
Geh- und Ruhezeiten: 12 Stunden –
30 Minuten – 60–90 Minuten
Backzeit: 20–24 Minuten bei 240/230 °C

Sie brauchen
digitale und Löffelwaage
Frischhaltefolie, Küchenmaschine
Teigabstecher
Abdeckfolie mit Untergewebe oder
gut bemehltes Küchentuch
Backblech mit Backfolie oder Backpapier
Blumenspritze

Für das Brühstück
30 g Leinsamen
30 g kernige Haferflocken
30 g Sesam, geröstet
30 g Sonnenblumenkerne,
geröstet
150 g Weizenvollkornschrot,
fein oder mittel
12 g Salz
270 g heißes Wasser

Für den Hauptteig
Brühstück
190–220 g Wasser (je nach
Aufnahmefähigkeit des Mehls)
20 g Frischhefe
350 g Weizenvollkornmehl
10 g Butter
1 TL flüssiges Backmalz
(Internethandel)

Zum Wälzen
Leinsamen | Sesam
Sonnenblumenkerne
Haferflocken

ergibt 10 Brötchen

1 Für das Brühstück alle Zutaten gut vermischen und mit dem heißen Wasser übergießen. Über Nacht (12 Stunden) abgedeckt bei Raumtemperatur quellen lassen.

2 Für den Hauptteig das Brühstück mit allen anderen Zutaten in der Küchenmaschine 7 Minuten kneten, dann schließt sich eine Teigruhe von 30 Minuten an.

3 10 gleich schwere Teigstücke abwiegen, die Teiglinge rund formen, mit Wasser bestreichen und in einem Gemisch von Leinsamen, Sesam, Sonnenblumenkernen und Haferflocken wälzen. Etwas länglich formen, auf das Blech setzen und 60–90 Minuten bei Raumtemperatur gehen lassen. Den Backofen auf 240 °C Ober- und Unterhitze vorheizen.

4 Das Blech in den Ofen schieben und mit einer Blumenspritze heißes Wasser an die Ofenwände spritzen. Die Brötchen 10 Minuten anbacken, anschließend die Ofentür kurz öffnen und den restlichen Dampf abziehen lassen. Dann die Temperatur auf 230 °C reduzieren und weitere 10–14 Minuten backen. Die Brötchen sind gar, wenn man auf die Unterseite klopft und es schön hohl klingt. Die Brötchen auf einem Rost abkühlen lassen.

Wenn man am Abend das Brühstück fertig macht, ist das Backen am anderen Morgen eine ziemlich schnelle Angelegenheit.

Pfennigmuckerln | Foto Seite 55

Der Name dieser bayerischen Brotzeitsemmeln stammt entweder vom früheren Preis der kleinen Backstücke oder von der Form der „geldrollenartig" aneinander gebackenen Vierer-, Fünfer- oder Sechserstangen. Gerade für Kinder sind die kleinen Brötchen ideal. Durch den deutlichen Anteil an Roggenmehl sind sie sehr haltbar, trocknen wesentlich langsamer aus als Weizengebäck und müssen am nächsten Tag nicht einmal aufgebacken werden. Pfennigmuckerln passen hervorragend zu allen deftigen Sachen.

Zeiten
Zubereitung:
30 Minuten

Geh- und Ruhezeiten:
12–16 Stunden – 2 Stunden –
45 Minuten – 30 Minuten –
50–60 Minuten

Backzeit:
15–17 Minuten bei 240 °C

Sie brauchen
digitale und Löffelwaage
Frischhaltefolie
Küchenmaschine
Teigabstecher
Abdeckfolie mit
Untergewebe
oder gut bemehltes
Küchentuch
Backblech mit Backfolie
oder Backpapier
Blumenspritze

1 Für den Sauerteig alle Zutaten gut verrühren und abgedeckt 12–16 Stunden bei Raumtemperatur gehen lassen.

2 Für den Vorteig ebenfalls alle Zutaten klümpchenfrei verrühren. 2 Stunden abgedeckt gehen lassen, bis sich kleine Bläschen auf dem Teig zeigen. Über Nacht (12–16 Stunden) in den Kühlschrank (+ 5 °C, mittleres Fach) stellen. Am nächsten Morgen aus dem Kühlschrank nehmen und 45 Minuten akklimatisieren lassen.

3 Für den Hauptteig den Sauerteig mit dem Vorteig und allen anderen Zutaten in der Küchenmaschine 5–7 Minuten kneten. Daran schließt sich eine Teigruhe von 30 Minuten an.

Wenn man schon am Nachmittag vor dem Backtag den Vorteig und den Sauerteig vorbereitet, ist das Formen und Backen der Semmeln am nächsten Morgen eine ziemlich schnelle Angelegenheit. Nach 2 Stunden hat man frische Muckerln auf dem Tisch.

4 Dann sticht man 12 Teile à ca. 80–83 g ab. Die Teigstücke erst rund formen und dann etwas länglich rollen. Die Teiglinge in Roggenmehl wälzen und immer 4 (oder 5 oder 6) zusammen auf das Blech legen, dabei die Brötchen wie auf dem Foto auf Seite 55 immer etwas zueinander versetzen. Es sollten dabei Vierer-, Fünfer- oder Sechserstangen entstehen.

5 Die Teiglinge für 50–60 Minuten abgedeckt an einem warmen Ort gehen lassen. Den Backofen auf 240 °C Ober- und Unterhitze vorheizen.

6 Das Blech in den Ofen schieben und mit einer Blumenspritze heißes Wasser an die Ofenwände spritzen. Nach etwa 10 Minuten die Ofentür kurz öffnen und den restlichen Dampf abziehen lassen. Die Muckerln insgesamt 15–17 Minuten backen, bis sie kräftig goldbraun sind. Sie sind gar, wenn man auf die Unterseite klopft und es schön hohl klingt. Die Brötchen auf einem Rost abkühlen lassen.

Obazda

Bei diesem bayerischen Brötchen darf der typische Obazda nicht fehlen: Mit einer Gabel werden 250 g reifer Camembert mit 50 g Butter zerdrückt und eine fein gehackte Zwiebel, ½ TL edelsüßes Paprikapulver und eine Prise scharfes Paprikapulver sowie ein Schuss helles Bier untergearbeitet.

Für den Sauerteig
120 g Roggenvollkornmehl
120 g Wasser
12 g Roggenanstellgut,
   siehe Seite 10/11

Für den Vorteig
100 g Wasser
1 g Frischhefe
100 g Weizenmehl 1050

Für den Hauptteig
Sauerteig
Vorteig
220 g Weizenmehl 1050
120 g Roggenmehl 1150
140 g Wasser | 10 g Salz
8 g Roggenmalzpulver
   (Internethandel)
8 g Frischhefe
5 g gemahlener Kümmel
1 TL flüssiges Backmalz
   (Internethandel)

Zum Wälzen
Roggenmehl

_____

ergibt 3 x 4 Stück

Rheinische Röggelchen

Diese kleinen Doppelbrötchen werden in Düsseldorf und Köln zum Altbier oder Kölsch gereicht und mit einem Stück mittelaltem Gouda als „Halver Hahn" serviert. Ein leckerer Snack, es lohnt sich, die Brötchen nachzubacken.

Zeiten

Zubereitung: 30 Minuten
Geh- und Ruhezeiten: 30 Minuten – 60 Minuten
Backzeit: 25 Minuten bei 230 °C

Sie brauchen

digitale und Löffelwaage
Frischhaltefolie, Küchenmaschine
Teigabstecher
Backblech mit Dauerbackfolie
oder Backpapier
Abdeckfolie mit Untergewebe
oder gut bemehltes Küchentuch
Backpinsel, Blumenspritze

Für den Hauptteig

310 g Wasser
15 g Frischhefe
400 g Weizenmehl 550
85 g Roggenmehl 1150
50 g Roggenanstellgut,
   siehe Seite 10/11
11 g Salz
5 g Roggenmalzpulver
   (Internethandel)
1 TL flüssiges Backmalz
   (Internethandel)

Für die Glanzstreiche

2 EL Kartoffelmehl
200 g Wasser

―――――――――

*ergibt 10 Doppel-
brötchen*

1 Alle Zutaten des Hauptteigs in der Küchenmaschine 15 Minuten kneten, danach folgt eine Teigruhe von 30 Minuten. Den Teig in 40-g-Portionen abstechen und rund formen. Dann werden zwei Teiglinge fest aneinander auf das Backblech gelegt. Nun lässt man sie abgedeckt bei Raumtemperatur 60 Minuten gehen.

2 Damit die Röggelchen einen schönen Glanz bekommen, wird eine Glanzstreiche hergestellt. Dazu gibt man das Kartoffelmehl auf ein Backpapier und röstet es im Backofen bei 250 °C braun an. Man nimmt dann davon 2 TL und mischt sie mit dem Wasser. Es sieht dann aus wie kalter Kaffee. Den Backofen auf 230 °C Ober- und Unterhitze stellen.

3 Die Teiglinge mit Glanzstreiche einpinseln (es soll noch etwas übrig bleiben). Das Blech in den Ofen schieben und mit einer Blumenspritze heißes Wasser an die Ofenwände spritzen. Nach etwa 10 Minuten die Ofentür kurz öffnen und den restlichen Dampf abziehen lassen. Die Röggelchen insgesamt 25 Minuten backen. Kurz vor Ende der Backzeit noch einmal mit der Glanzstreiche einpinseln. Sie sind gar, wenn man auf die Unterseite klopft und es schön hohl klingt. Die Brötchen auf einem Rost abkühlen lassen.

Man kann diese leckeren Brötchen in nur 3 Stunden backen.

Spitzkornlinge | Foto Seite 59

Dies ist ein richtig rustikales und kerniges Rezept. Die Spitzkornlinge sind so was von lecker, kann ich nur sagen. Mit Salat, Tomaten, Salami und Ei belegt ein Gedicht. Einfach nachbacken. Viel Spaß dabei!

Zeiten

Zubereitung:
30 Minuten

Geh- und Ruhezeiten:
2 Stunden – 12–16 Stunden –
30 Minuten – 60–90 Minuten

Backzeit:
20 Minuten bei 230 °C

Sie brauchen

digitale und Löffelwaage
Frischhaltefolie
Küchenmaschine
Teigabstecher
Abdeckfolie mit
Untergewebe
oder gut bemehltes
Küchentuch
Nudelholz
Backblech mit Backfolie
oder Backpapier
Blumenspritze

1 Für den Sauerteig alle Zutaten gut verrühren und bei Raumtemperatur abgedeckt 12–16 Stunden reifen lassen.

2 Für den Vorteig ebenfalls alles gut verrühren, 2 Stunden gehen lassen und dann für 12 Stunden in den Kühlschrank (+ 5 °C, mittleres Fach) stellen.

3 Für das Brühstück alle Zutaten mit dem kochenden Wasser übergießen und abgedeckt 12–14 Stunden bei Raumtemperatur quellen lassen.

4 Für den Hauptteig Sauerteig, Vorteig, Brühstück und alle anderen Zutaten 15 Minuten langsam kneten. Den Teig abdecken und eine Teigruhe von mindestens 30 Minuten einhalten.

5 Anschließend vom Teig 14 Stücke à ca. 100 g abwiegen und rund formen. Danach die Teiglinge leicht oval ausrollen und von der Längsseite her aufrollen. In Roggenmehl wälzen, auf ein Backblech setzen und abgedeckt 60–90 Minuten gehen lassen. Den Backofen auf 230 °C Ober- und Unterhitze vorheizen.

6 Die Teiglinge zweimal quer einschneiden und nach Belieben mit grobem Salz und Kümmel bestreuen. Das Blech in den Ofen schieben und mit einer Blumenspritze heißes Wasser an die Ofenwände spritzen. Nach etwa 10 Minuten die Ofentür kurz öffnen und den restlichen Dampf abziehen lassen. Die Spitzkornlinge insgesamt 20 Minuten backen. Sie sind gar, wenn man auf die Unterseite klopft und es schön hohl klingt. Die Brötchen auf einem Rost abkühlen lassen.

Wenn man am Abend vor dem Backtag den Sauerteig, den Vorteig und das Brühstück vorbereitet, geht das Formen und Backen der Spitzkornlinge am nächsten Morgen recht schnell: Nach 2 Stunden stehen sie auf dem Tisch.

Für den Sauerteig
120 g Wasser
12 g Roggenanstellgut, siehe Seite 10/11
120 g Roggenschrot mittel

Für den Vorteig
100 g Wasser
1 g Frischhefe
100 g Weizenmehl 550

Für das Brühstück
110 g Weizenschrot mittel
40 g Sonnenblumenkerne, geröstet und grob gemahlen
40 g Kürbiskerne geröstet, und grob gemahlen
40 g Leinsamen
230 g kochendes Wasser
18 g Salz

Für den Hauptteig
Sauerteig
Vorteig
Brühstück
220 g Weizenmehl 550
120 g Roggenmehl 1150
140 g Wasser
7,5 g Frischhefe
7,5 g Roggenmalzpulver (Internethandel)
1 TL flüssiges Backmalz (Internethandel)

Zum Bestreuen
grobes Salz
Kümmel

---

ergibt 14 Stück

Roggenbrötchen

Wir lieben zwar die schönen knusprigen Weizenbrötchen, aber ab und zu muss es auch mal Roggenbrötchen geben. Sie sind natürlich etwas fester als Weizenbrötchen, schmecken aber wirklich sehr gut.

Zeiten
Zubereitung: 30 Minuten
Geh- und Ruhezeiten: 12–16 Stunden –
2 Stunden – 12 Stunden – 30 Minuten – 75 Minuten
Backzeit: 18 Minuten bei 250/230 °C

Sie brauchen
digitale und Löffelwaage
Frischhaltefolie, Küchenmaschine
Teigabstecher
Abdeckfolie mit Untergewebe oder
gut bemehltes Küchentuch
Backblech mit Backfolie oder Backpapier
Backpinsel, Blumenspritze

Für den Sauerteig
120 g Wasser
120 g Roggenvollkornmehl
12 g Roggenvollkorn-
anstellgut, siehe Seite 10/11

Für den Vorteig
100 g Weizenmehl 1050
100 g Wasser
1 g Frischhefe

Für den Hauptteig
Sauerteig
Vorteig
220 g Weizenmehl 1050
120 g Roggenmehl 1150
140 g Wasser
2 g Frischhefe
10 g Salz
5 g Roggenmalz

Zum Wälzen
Sonnenblumenkerne

ergibt 9 Brötchen

1 Für den Sauerteig alle Zutaten gut vermischen und abgedeckt bei Raumtemperatur 12–16 Stunden reifen lassen.

2 Für den Vorteig alles gut verrühren und bei Raumtemperatur abgedeckt ca. 2 Stunden gehen lassen. Es sollen kleine Bläschen nach oben steigen. Danach für 12 Stunden in den Kühlschrank (+ 5 °C, mittleres Fach) stellen.

3 Für den Hauptteig Sauerteig, Vorteig und alle anderen Zutaten 7 Minuten in der Maschine gut durchkneten und eine Teigruhe von 30 Minuten einlegen. Dann Stücke von ca. 90 g abwiegen und rund formen. Die Teiglinge mit Wasser bepinseln, in Sonnenblumenkernen wälzen und auf das Blech setzen. Abgedeckt 75 Minuten gehen lassen. Den Backofen auf 250 °C Ober- und Unterhitze vorheizen.

4 Das Blech in den Ofen schieben und mit einer Blumenspritze heißes Wasser an die Ofenwände spritzen. Nach etwa 10 Minuten die Ofentür kurz öffnen und den restlichen Dampf abziehen lassen. Die Brötchen 10 Minuten anbacken, dann die Temperatur auf 230 °C reduzieren und weitere 8 Minuten backen. Sie sind gar, wenn man auf die Unterseite klopft und es schön hohl klingt. Die Brötchen auf einem Rost abkühlen lassen.

Wenn man am Nachmittag den Vorteig und den Sauerteig vorbereitet, geht es am nächsten Morgen schnell: Nach 2,5 Stunden sind die Roggenbrötchen fertig.

Franzbrötchen | Foto Seite 63

Franzbrötchen sind eine süße, norddeutsche Spezialität aus Hefeteig mit Zimt.
Die spezielle Form bekommen sie einfach durch das Eindrücken eines Kochlöffelstiels.
Der Milchbubi ist ein Sauerteig, den man mit Milch ansetzt.

Zeiten
Zubereitung:
30 Minuten

Geh- und Ruhezeiten:
12–16 Stunden – 30 Minuten –
45 Minuten

Backzeit:
20 Minuten bei 200 °C

Sie brauchen
digitale und Löffelwaage
Frischhaltefolie
Küchenmaschine
Teigabstecher
oder Messer
Abdeckfolie mit
Untergewebe
oder gut bemehltes
Küchentuch
Backblech mit Backfolie
oder Backpapier
Nudelholz
Backpinsel

1 Für den Sauerteig alle Zutaten gut vermischen und abgedeckt bei Raumtemperatur 12–16 Stunden reifen lassen.

2 Für den Vorteig alle Zutaten gut vermischen und ebenfalls abgedeckt bei Raumtemperatur 12–16 Stunden reifen lassen.

3 Für den Hauptteig aus Sauerteig, Vorteig und allen anderen Zutaten außer der Butter einen homogenen Teig kneten. Wenn sich der Teig zusammenfügt, die Butter in kleinen Stücken sowie etwas Zitronenabrieb und Vanillearoma hinzufügen und noch einmal 8 Minuten kneten. Anschließend den Teig auf die Arbeitsfläche legen, die Folie darüber legen und den Teig 30 Minuten ruhen lassen.

4 Den Teig dann auf eine Größe von 40 x 60 cm ausrollen. Die Teigplatte mit flüssiger Butter bestreichen und gut mit Zimtzucker bestreuen. Von der schmalen Seite her aufrollen.

5 Jetzt von der Rolle 3–4 cm breite Stücke abschneiden und von oben etwas flach drücken. Dann den Stiel eines Kochlöffels von oben in die Rolle drücken und fast ganz durchdrücken (als wolle man das 4 cm breite Stück in zwei von je 2 cm teilen). Den Kochlöffel wieder entfernen und die Brötchen auf das Backblech legen. Abdecken und 45 Minuten gehen lassen. Den Backofen auf 200 °C Ober- und Unterhitze vorheizen.

6 Das Blech in den Backofen schieben und die Franzbrötchen 20 Minuten backen.

Am Abend vor dem Backtag Sauerteig und Vorteig ansetzen und am nächsten Morgen nur noch kneten, etwas ruhen lassen, die Brötchen formen und backen.

Für den Sauerteig (Milchbubi)
60 g Weizenmehl 550
60 g H-Milch 3,5 %
10 g Weizenanstellgut, siehe Seite 10/11

Für den Vorteig
60 g Weizenmehl 550
60 g H-Milch 3,5%
1 g Frischhefe

Für den Hauptteig
Sauerteig
Vorteig
380 g Weizenmehl 550
150 g H-Milch 3,5%
80 g Zucker
70 g Butter
1 Prise Salz
2 Eigelbe
1 TL flüssiges Backmalz (Internethandel)
7,5 g Frischhefe

Außerdem
flüssige Butter nach Geschmack
Zimtzucker nach Geschmack
etwas Zitronenabrieb
Vanillearoma

---

ergibt 10 Brötchen

Bauernbrötchen mit altem Teig

Ich kann nur immer wieder feststellen, alter Teig verbessert den Geschmack wesentlich!
Von einem fertigen Brötchenteig nehme ich Teig ab und stelle ihn mit einer Folie abgedeckt in den
Kühlschrank. Hier habe ich ihn schon bis zu 10 Tage stehen lassen.
Je älter er wird, desto besser wird der Geschmack.

1 Für den Vorteig alles klümpchenfrei verrühren und abgedeckt 2–4 Stunden bei Raumtemperatur stehen lassen.

2 Für den Hauptteig alle Zutaten in der Küchenmaschine 15 Minuten kneten, dann den Teig zu einem Ball formen und in eine große Schüssel geben. Abdecken und den Teig für 12–14 Stunden in den Kühlschrank (+ 5 °C, mittleres Fach) stellen.

3 Am nächsten Morgen nimmt man den Teig aus dem Kühlschrank und lässt ihn ca. 45 Minuten akklimatisieren. Jetzt werden 15 Teigstücke von je 100 g abgewogen, rund geformt, anschließend etwas länglich mit spitzen Enden gerollt. Die Teiglinge in ein Bäckerleinen (siehe Seite 72) legen, dabei die glattere Seite nach unten legen. Abgedeckt bei Raumtemperatur 90 Minuten gehen lassen. Den Backofen auf 230 °C Ober- und Unterhitze vorheizen.

4 Die Teiglinge umdrehen, mit Roggenmehl bestäuben, auf das Backblech legen und einmal längs einschneiden. Das Blech in den Ofen schieben und mit einer Blumenspritze heißes Wasser an die Ofenwände spritzen. Nach etwa 10 Minuten die Ofentür kurz öffnen und den restlichen Dampf abziehen lassen. Die Brötchen insgesamt 17–20 Minuten backen. Sie sind gar, wenn man auf die Unterseite klopft und es schön hohl klingt. Die Brötchen auf einem Rost abkühlen lassen.

Für den Vorteig
100 g Wasser
1 g Frischhefe
100 g Weizenmehl

Für den Hauptteig
Vorteig
200 g alter Teig
700 g Weizenmehl 550
100 g Roggenmehl 1150
500 g Wasser
15 g Butter oder Schmalz
20 g Salz
9 g Frischhefe
1 TL flüssiges Backmalz
(Internethandel)

Zum Bestreuen
Roggenmehl

———————————

ergibt 15 Brötchen

Am Nachmittag vor dem Backtag den Vorteig ansetzen,
abends den Hauptteig und am nächsten Morgen die Brötchen
zubereiten und backen.

Delbrücker Ecksteine | Foto Seite 4

Die Delbrücker Ecksteine sind äußerst zart und locker. Durch die lange kalte Führung und durch den Sauerteig aus Hartweizenvollkornmehl bekommen sie einen unvergleichlichen Geschmack.

Zeiten

Zubereitung:
30 Minuten

Geh- und Ruhezeiten:
16–18 Stunden – 2 Stunden –
8–12 Stunden – 30 Minuten –
60 Minuten

Backzeit:
16–18 Minuten bei 230 °C

Sie brauchen

digitale und Löffelwaage
Frischhaltefolie
Küchenmaschine
Küchenhandtuch
Teigabstecher
Abdeckfolie mit
Untergewebe
oder gut bemehltes
Küchentuch
Backblech mit Backfolie
oder Backpapier
Nudelholz
scharfes Messer

1 Für den Sauerteig alle Zutaten gut verrühren und abgedeckt bei Raumtemperatur 16–18 Stunden reifen lassen.

2 Für den Vorteig die Hefe im Wasser auflösen und zum Mehl geben. Alles klümpchenfrei verrühren und 2 Stunden gehen lassen. Es sollen sich kleine Bläschen auf dem Teig bilden. Dann den Teig abgedeckt für 14 Stunden in den Kühlschrank (+ 5 °C, mittleres Fach) stellen.

3 Für den Hauptteig Sauerteig, Vorteig und alle anderen Zutaten 15 Minuten auf langsamster Stufe in der Küchenmaschine kneten. Danach den Teig rund formen, in eine große Schüssel legen und mit einem feuchten Küchenhandtuch abgedeckt für 8–12 Stunden in den Kühlschrank stellen.

Sie sollten den Sauerteig und den Vorteig am Morgen vor dem Backtag ansetzen. Die lange kalte Führung ist dazu da, den Geschmack zu verbessern und möglichst wenig Hefe einsetzen zu müssen. Am Abend vor dem Backtag bereiten Sie den Hauptteig zu.

4 Am Backtag nimmt man den Teig aus dem Kühlschrank und lässt ihn 30 Minuten akklimatisieren. Dann den Teig halbieren. Jede Teighälfte zu einem Viereck von 30 x 30 cm ausrollen. Jetzt sticht man 3 Reihen von je 10 cm Breite ab und teilt dann jede Reihe in 3 Quadrate von 10 x 10 cm. Insgesamt erhält man so 18 Quadrate.

5 Diese Rechtecke drückt man mit der Oberfläche in den Hartweizengrieß und setzt sie auf das Backblech. Die Ecksteine mit der Folie abgedeckt für 60 Minuten bei Raumtemperatur gehen lassen. Den Backofen auf 230 °C Ober- und Unterhitze vorheizen.

6 Das Blech in den Ofen schieben und die Ecksteine in 16–18 Minuten goldbraun backen. Sie sind gar, wenn man auf die Unterseite klopft und es schön hohl klingt. Die Brötchen auf einem Rost abkühlen lassen.

Hartweizen

Hartweizen hat einen höheren Eiweiß- und einen geringeren Stärkegehalt als Weichweizen und weist daher andere Koch- und Backeigenschaften auf. Der Teig wird elastischer. Hartweizen braucht warme, relativ trockene Sommer, er gedeiht vor allem in den Mittelmeerländern und Vorderasien. Der Gehalt an Gluten ist höher als bei Weichweizen.

Für den Sauerteig
100 g Hartweizenvollkornmehl (Internethandel)
100 g Wasser
10 g Weizenanstellgut, siehe Seite 10/11

Für den Vorteig
3 g Frischhefe
300 g Wasser
200 g Weizenmehl 550
100 g Hartweizenvollkornmehl (Internethandel)

Für den Hauptteig
Sauerteig
Vorteig
600 g Weizenmehl 550
200 g Wasser
8 g Frischhefe
20 g Salz
20 g Butter
1 TL flüssiges Backmalz (Internethandel)

Außerdem
feiner Hartweizengrieß

ergibt 18 Brötchen

Walnuss-Malz-Brötchen

In einem dänischen Koch- und Backbuch fand ich dieses Rezept. Es hat mich gereizt, denn die Brötchen sind schon nach 3 Stunden fertig.

Zeiten
Zubereitung: 30 Minuten
Geh- und Ruhezeiten: 2 Stunden – 45 Minuten
Backzeit: 15–17 Minuten bei 240 °C

Sie brauchen
digitale und Löffelwaage
Frischhaltefolie
Küchenmaschine
Teigabstecher
Abdeckfolie mit Untergewebe oder
gut bemehltes Küchentuch
Backblech mit Backfolie oder Backpapier
Blumenspritze

Für den Hauptteig
20 g Frischhefe
1 TL flüssiges Backmalz
(Internethandel)
375 g Wasser
150 g Buttermilch
25 g Walnussöl
30 g Roggenmalzpulver
(Internethandel)
20 g braunen Zucker
85 g Weizenvollkornmehl
275 g Hartweizengrieß fein
(Internethandel)
500 g Weizenmehl 550
25 g Salz
95 g Walnussbruch

Außerdem
feiner Hartweizengrieß

ergibt 16 Brötchen

1 Die Hefe und das Backmalz im Wasser auflösen, dann alle Zutaten bis auf das Salz und den Walnussbruch so lange in der Küchenmaschine kneten, bis sich der Teig von der Schüssel löst. Erst dann das Salz und den Walnussbruch dazugeben und nochmals 3 Minuten kneten.

2 Jetzt den Teig schön rund formen, in eine geölte Schüssel legen und mit einer Frischhaltefolie abgedeckt für 2 Stunden an einen möglichst warmen Ort stellen.

3 Den Teig nach dieser Zeit auf eine mit Hartweizengrieß bestreute Arbeitsplatte geben und zu einem Rechteck von 1 cm Dicke ausrollen. Mit einem Teigabstecher Quadrate von 6–8 cm Kantenlänge abstechen, mit Hartweizengrieß bestreuen und auf ein Backblech legen. Mit Folie abgedeckt für 45 Minuten an einem warmen Ort gehen lassen. Den Backofen auf 240 °C Ober- und Unterhitze vorheizen.

4 Das Backblech in den Ofen schieben und mit einer Blumenspritze heißes Wasser an die Ofenwände spritzen. Nach etwa 10 Minuten die Ofentür kurz öffnen und den restlichen Dampf abziehen lassen. Die Brötchen 15–17 Minuten backen. Sie sind gar, wenn man auf die Unterseite klopft und es schön hohl klingt. Die Brötchen auf einem Rost abkühlen lassen.

Toastbrotform
Rezept auf Seite 82

Bäckerleinen schützt die Teiglinge

Mohnbrot
Rezept auf Seite 74

Hartweizen-Sesam-Ringbrot
Rezept auf Seite 76

Kleine Mohnbrote | Foto Seite 73

Bei diesem Rezept haben mich zunächst die 34 g Hefe etwas irritiert. Mir kam das sehr viel vor, aber ich muss sagen, es beeinträchtigt den Geschmack überhaupt nicht. Auch die Zugabe von fast 60 g Sonnenblumenöl erstaunte mich, aber die Krume wird dadurch wunderbar flaumig und bekommt eine kleine bis mittelgroße Porung. Ein rundherum sehr leckeres Weißbrot, das jeden Brotkorb ziert.

Für den Vorteig
72 g Wasser
3 g Frischhefe
103 g Weizenmehl 550
2 g Salz

Für den Hauptteig
34 g Frischhefe
23 g flüssiges Backmalz
  (Internethandel)
570 g Wasser
Vorteig
1 kg Weizenmehl 550
57 g Sonnenblumenöl
23 g Salz

Für die Eistreiche
1 Eigelb
1 EL Milch
1 Prise Salz
1 Prise Zucker

Außerdem
Mohn zum Wälzen

_____

*ergibt 4 Brote
zu je 250 g*

1 Für den Vorteig alle Zutaten zu einem geschmeidigen Teig verkneten und 2 Stunden bei Raumtemperatur gehen lassen. Dann kommt der Teig abgedeckt für mindestens 24 und maximal 72 Stunden in den Kühlschrank (+ 5 °C, mittleres Fach). Ich habe 30 Stunden gewartet.

2 Für den Hauptteig das Backmalz und die Hefe in einem Teil des Wassers auflösen, dann mit dem Vorteig und allen anderen Zutaten, aber ohne Sonnenblumenöl und Salz in der Küchenmaschine 3 Minuten kneten. Dann das Sonnenblumenöl zugeben und weitere 7 Minuten kneten. Das Salz hinzufügen und nochmals 8 Minuten kneten. Den Teig abgedeckt 75–90 Minuten bei Raumtemperatur ruhen lassen.

3 Dann 8 gleiche Teile zu je 230–240 g abwiegen und leicht rund formen. Kurz ruhen lassen und dann Stränge von 50 cm Länge rollen. Nun nimmt man jeweils 2 Stränge und wickelt sie wie beim Flechten umeinander. Dann wird der gewickelte Teigling zu einem S gelegt.

*Den Vorteig schon 2 oder 3 Tage vor dem Backtag ansetzen.
72 Stunden im Kühlschrank schaden ihm nicht und
das Brot wird durch die lange Gehzeit immer schmackhafter.*

4 Für die Eistreiche Eigelb, Milch, Salz und Zucker verquirlen. Die Teiglinge damit bestreichen und in Mohn wälzen. Auf das Backblech legen und abgedeckt 60 Minuten bei Raumtemperatur gehen lassen. Den Backofen auf 230 °C Ober- und Unterhitze vorheizen.

5 Das Blech in den Ofen schieben. Mit der Blumenspritze heißes Wasser an die Ofenwände spritzen. Nach etwa 10 Minuten die Ofentür kurz öffnen, um den restlichen Dampf abziehen zu lassen. Die Brote insgesamt 30 Minuten backen.

Zeiten
Zubereitung:
30 Minuten

Geh- und Ruhezeiten:
2 Stunden – 48–72 Stunden –
75–90 Minuten – 60 Minuten

Backzeit:
30 Minuten bei 230 °C

Sie brauchen
digitale und Löffelwaage
Frischhaltefolie
Küchenmaschine
Teigabstecher
Abdeckfolie mit
Untergewebe
oder gut bemehltes
Küchentuch
Backblech mit Backfolie
oder Backpapier
Blumenspritze
Backpinsel

Hartweizen-Sesam-Ringbrot | Foto Seite 73

Ich habe dieses Rezept in einem englischsprachigen Blog gefunden. Mit Hartweizen hatte ich bis dahin eigentlich nur Pizza und Nudeln gemacht. Das Rezept hat mich eines Besseren belehrt. Das Brot bekommt davon ein tolle Rustikalität und eine super knusprige Kruste.

Für den 1. Vorteig
73 g Wasser
1 g Frischhefe
113 g Weizenvollkornmehl

Für den 2. Vorteig
151 g Weizenvollkornmehl
151 g Hartweizengrieß
302 g Wasser
3 g Frischhefe

Für den Hauptteig
1. Vorteig
2. Vorteig
305 g Weizenmehl 1050
34 g Weizenvollkornmehl
164 g Wasser
8 g Frischhefe
15 g Salz
45 g Sesam, geröstet

———————————————

ergibt 2 Brote à 500 g

1 Für den 1. Vorteig alle Zutaten gut verkneten und abgedeckt 12–16 Stunden bei Raumtemperatur reifen lassen. Der Teig sieht dann aus wie ein Schwamm und hat die richtige Konsistenz.

2 Für den 2. Vorteig ebenfalls alle Zutaten gut verrühren und abgedeckt bei Raumtemperatur 16 Stunden gehen lassen.

3 Für den Hauptteig beide Vorteige und alle anderen Zutaten 10 Minuten in der Küchenmaschine kneten. Anschließend den Teig in eine leicht geölte Schüssel geben. Abdecken und 30 Minuten gehen lassen, dann einen Durchgang „stretch and fold" durchführen (siehe Seite 100). Dies noch 2-mal wiederholen, so dass der Teig insgesamt 120 Minuten Ruhezeit hatte.

4 Den Teig in 2 Hälften à 650 g teilen, jedes Teil zu eine Rolle von ca. 60 cm Länge rollen und dann zu einem Ring formen. Die Enden mit etwas Wasser bepinseln und zusammendrücken, so dass der Schluss (die Naht) möglichst nicht mehr zu sehen ist. Die Ringe auf das Backblech geben und abgedeckt nochmals 75 Minuten gehen lassen.

5 Danach die Oberfläche der Ringe einschneiden und das Blech in den Ofen schieben. Mit einer Blumenspritze heißes Wasser an die Ofenwände spritzen. Nach etwa 10 Minuten die Ofentür kurz öffnen und den restlichen Dampf abziehen lassen. Die Ringe zunächst 15 Minuten bei 240 °C anbacken, dann 20 Minuten bei 200 °C.

Am Abend vor dem Backtag die beiden Vorteige fertigmachen und am nächsten Morgen das Ringbrot backen.

Zeiten
Zubereitung:
30 Minuten

Geh- und Ruhezeiten:
12–16 Stunden – 90 Minuten –
75 Minuten

Backzeit:
35 Minuten bei 240/200 °C

Sie brauchen
digitale und Löffelwaage
Frischhaltefolie
Küchenmaschine
Teigabstecher
scharfes Messer
Abdeckfolie mit
Untergewebe
oder gut bemehltes
Küchentuch
Backblech mit Backfolie
oder Backpapier
Blumenspritze
Backpinsel

Korinthenbrot

Dies ist ein süßes Brot, das schön aufgeht und locker wird. Sie brauchen eine Kastenform für 1 kg, sowie die üblichen Utensilien. Viel Spaß beim Nachbacken.

Für den Sauerteig
50 g Roggenmehl 1150
40 g Wasser
1 g Roggenanstellgut,
 siehe Seite 10/11

Für den Hauptteig
Sauerteig
450 g Weizenmehl 550
 oder 812
15 g Zucker
10 g Vollmilchpulver
10 g Frischhefe
10 g Salz
240 g Wasser
1 TL flüssiges Backmalz
 (Internethandel)
20 g Butter
100 g Korinthen, Sultaninen
 oder Rosinen

Eistreiche
1 Eigelb
1 EL Milch
1 Prise Salz
1 Prise Zucker

Außerdem
Kastenform 230 x 110 x 95 cm
Butter für die Form

---

ergibt 1 Brot

Zeiten
Zubereitung: 30 Minuten
Geh- und Ruhezeiten: 15–18 Stunden –
20–45 Minuten – 50–75 Minuten
Backzeit: 40 Minuten bei 230/180 °C

1 Für den Sauerteig alle Zutaten gut verrühren und abgedeckt bei Raumtemperatur 15–18 Stunden reifen lassen.

2 Für den Hauptteig den Sauerteig mit allen Zutaten bis auf die Butter und die Korinthen 15 Minuten kneten. Nach der Hälfte der Zeit die Butter hinzufügen und 3 Minuten vor Schluss die Korinthen. Den Teig abgedeckt 20–45 Minuten ruhen lassen. Für die Eistreiche Eigelb mit Milch, Salz und Zucker verquirlen.

3 Den Teig zunächst rund, dann lang formen und in eine gut gebutterte Kastenform mit der glatteren Seite nach oben legen. Mit der Eistreiche bepinseln und abgedeckt bei 30 °C ca. 50 Minuten gehen lassen. Bei Raumtemperatur dauert der Vorgang 60–75 Minuten. Nach 35 Minuten das Brot oben kräftig einschneiden. Den Backofen auf 230 °C vorheizen.

4 Das Brot in den Ofen schieben und mit einer Blumenspritze heißes Wasser an die Ofenwände spritzen. Nach etwa 10 Minuten die Ofentür kurz öffnen und den restlichen Dampf abziehen lassen. Nach 15 Minuten Backzeit die Temperatur auf 180 °C reduzieren und das Brot weitere 25 Minuten backen. Das Brot aus dem Ofen nehmen und auf einem Gitterrost auskühlen lassen.

Wenn Sie den Sauerteig nachmittags gegen 17 Uhr ansetzen, können Sie am nächsten Morgen gegen 9 Uhr das Brot backen.

Baguette traditionell | Foto Seite 79

Bohnenmehl aus Saubohnen wird seit fast 100 Jahren von französischen Bäckern zum Baguetteteig gegeben – deshalb nehme ich es hier auch. Sie können stattdessen aber auch einfach die Menge des Weizenmehls um 10 g erhöhen.

Für den Weizensauerteig

100 g Weizenmehl T 65
(Internethandel)
70 g Wasser
10 g Weizenanstellgut,
siehe Seite 10/11

Für den Vorteig

330 g Wasser
3,5 g Frischhefe
300 g Weizenmehl T65
30 g Roggenmehl 1150

Für den Hauptteig

Sauerteig
Vorteig
600 g Weizenmehl T 65
(Internethandel),
ersatzweise T550
70 g Roggenmehl 1150
320 g Wasser
6,5 g Frischhefe
20 g Salz
10 g Bohnenmehl
(Internethandel)
1 EL flüssiges Backmalz
(Internethandel)

ergibt 9 Baguettes à 110 g

1 Für den Weizensauerteig alle Zutaten gut verrühren und bei 26 °C 16 Stunden reifen lassen (bei Raumtemperatur dauert es ca. 18–20 Stunden.

2 Für den Vorteig ebenfalls alle Zutaten gut verrühren, 2 Stunden bei Raumtemperatur gehen lassen, dann abgedeckt im Kühlschrank (+ 5 °C, mittleres Fach) 14 Stunden reifen lassen.

3 Für den Hauptteig den Weizensauerteig und den Vorteig mit allen anderen Zutaten 15 Minuten in der Küchenmaschine kneten. Den Teig in eine ausreichend große Schüssel legen (er geht ordentlich auf) und abgedeckt wieder für mindestens 12 Stunden in den Kühlschrank stellen.

4 Den Teig aus dem Kühlschrank nehmen, Teigstücke von 240 g abwiegen, rund formen und 30 Minuten abgedeckt gehen lassen. Danach die Baguettes formen, in Leinentücher legen (siehe Seite 72) und abgedeckt nochmals 45 Minuten gehen lassen. Den Backofen auf 230 °C Ober- und Unterhitze vorheizen.

5 Die Baguettes auf Backbleche legen, die Oberflächen mit einem scharfen Messer oder einer Rasierklinge einschneiden und in den Ofen schieben. Mit einer Blumenspritze heißes Wasser an die Ofenwände spritzen. Nach etwa 10 Minuten die Ofentür kurz öffnen und den restlichen Dampf abziehen lassen. Die Baguettes insgesamt 25 Minuten backen.

Die langen Gehzeiten machen das Timing schwierig. Am besten ist es, wenn Sie den Sauerteig und den Vorteig frühmorgens ansetzen und den Hauptteig dann nach Ablauf der 16 Stunden kneten. Dann können Sie am nächsten Morgen backen.

Zeiten
Zubereitung:
30 Minuten

Geh- und Ruhezeiten:
16 Stunden – 2 Stunden –
12 Stunden – 30 Minuten –
45 Minuten

Backzeit:
25 Minuten bei 230 °C

Sie brauchen
digitale und Löffelwaage
Frischhaltefolie
Küchenmaschine
Teigabstecher
scharfes Messer
Abdeckfolie mit
Untergewebe
oder gut bemehltes
Küchentuch
Bäckerleinen
Backblech mit Backfolie
oder
Backpapier
Blumenspritze

Buttertoast

Der Teig wird nach dem Salz-Hefe-Verfahren hergestellt. Ich kann nur sagen: nachbacken. Der Toast ist flaumig-weich mit einer schönen gleichmäßigen Porung. Beim Toasten wird er wunderbar gebräunt.

Zeiten
Zubereitung: 30 Minuten
Geh- und Ruhezeiten: ½ bis 20 Stunden –
2–3 Stunden – 2 Stunden
Backzeit: 45 Minuten bei 190 °C

Sie brauchen
digitale und Löffelwaage
Frischhaltefolie, Küchenmaschine
Abdeckfolie mit Untergewebe oder
gut bemehltes Küchentuch
Teigabstecher
Toastbrotform mit Deckel, Foto S. 72,
36 x 11 x 8 cm, mit Abteiler, zum Beispiel
von Lehmann Backgeräte
Blumenspritze

Für das Salz-Hefe-Gemisch
9 g Salz
50 g Wasser
6 g Frischhefe

Für den Hauptteig
Salz-Hefe-Gemisch
500 g Weizenmehl 550
10 g Zucker
10 g Speisestärke
1 TL flüssiges Backmalz
(Internethandel)
250 g Milch
30 g weiche Butter

Außerdem
Butter für die Form

_____

ergibt 2 Toastbrote à 375 g

1 Für das Salz-Hefe-Gemisch die Zutaten gut verrühren und abgedeckt mindesten 30 Minuten, maximal 20 Stunden bei Raumtemperatur stehen lassen.

2 Für den Hauptteig das Hefegemisch mit allen anderen Zutaten außer der Butter in der Küchenmaschine 12 Minuten kneten. Danach die Butter zugeben und nochmals 6 Minuten kneten. Den Teig rund formen und unter der Abdeckfolie 2–3 Stunden gehen lassen, bis er seine Größe verdoppelt hat.

3 Den Teig dann noch einmal falten und formen („stretch and fold", siehe Seite 100) und in 2 gleich schwere Teile schneiden. Die gebutterte Toastbrotform in der Mitte abteilen, in jedes Fach ein Teigstück legen, den Deckel schließen. und den Teig dann 4 Stunden bei Raumtemperatur gehen lassen (bei 22–26 °C sind es ca. 2 Stunden). Den Backofen auf 190 °C Ober- und Unterhitze vorheizen.

4 Die Brote mit geschlossenem Deckel in den Ofen schieben und mit einer Blumenspritze heißes Wasser an die Ofenwände spritzen. Nach etwa 10 Minuten die Ofentür kurz öffnen und den restlichen Dampf abziehen lassen. Die Brote 45 Minuten backen, bis sie schön hellbraun sind.

Wenn man am Abend das Salz-Hefe-Gemisch ansetzt, kann man am anderen Morgen backen. Allerdings dauert es, bis der Teig seine volle Größe erreicht hat.

Baguette mit Sauerteig | Foto Seite 6

*Hier stelle ich Ihnen mein ältestes und erstes Baguetterezept
„Baguette mit Sauerteig" vor. Es ist zum Frühstück köstlich, bereichert aber auch jedes Grillfest.
Viel Spaß beim Nachbacken!*

Für den Sauerteig

100 g Weizenmehl 550
100 g Wasser
10 g Weizenanstellgut,
  siehe Seite 10/11

Für den Hauptteig

Sauerteig
850 g Weizenmehl 550
50 g Roggenmehl 1150
8 g Frischhefe
20 g Salz
15 g Backmalz, enzymaktiv
  (Internethandel)
550 g Wasser

___

ergibt 6 Baguettes

1 Für den Sauerteig die Zutaten gut verrühren und abgedeckt 16 Stunden bei Raumtemperatur (besser wären 26 °C) reifen lassen.

2 Für den Hauptteig den Sauerteig und alle anderen Zutaten in der Küchenmaschine ca. 18 Minuten auf langsamster Stufe kneten, bis ein homogener Teig entstanden ist, der sich vom Schüsselrand löst. Abgedeckt 30 Minuten gehen lassen.

3 Den Teig dann einmal falten und strecken („stretch and fold", siehe Seite 100) und abgedeckt wieder 30 Minuten gehen lassen.

4 Den Teig nochmals strecken und falten, 6 Portionen zu je ca. 285 g abwiegen und rund formen. Abgedeckt 10 Minuten gehen lassen.

5 Die Teigstücke zu Rechtecken von jeweils 20 x 15 cm auseinanderziehen und -drücken, dann von der Längsseite her die obere Hälfte zur Mitte umklappen, die Kante andrücken, dann die untere Hälfte darüberklappen und die Kante ebenfalls andrücken. Den Schluss (also die Naht) zusammendrücken. Dann die Teiglinge auf der Arbeitsfläche rollen, um Stränge von ca. 30–40 cm Länge zu bekommen.

Am Abend vor dem Backtag den Sauerteig ansetzen und am nächsten Morgen den Hauptteig herstellen, die Baguettes formen und backen.

6 Die Teiglinge in Bäckerleinen legen und sie durch hochgezogene Falten voneinander trennen (siehe Seite 72). Abgedeckt mindestens 45 Minuten, maximal 60 Minuten gehen lassen. Den Backofen auf 230 °C Ober- und Unterhitze vorheizen.

7 Mit einem länglichen Brett die Baguettes auf die Backbleche transportieren. Die Oberfläche mit einem scharfen Messer mehrfach schräg und parallel einschneiden. Das Blech in den Ofen schieben und mit einer Blumenspritze heißes Wasser an die Ofenwände spritzen. Nach etwa 10 Minuten die Ofentür kurz öffnen und den restlichen Dampf abziehen lassen. Die Baguettes 10 Minuten anbacken, dann die Temperatur auf 200 °C reduzieren und weitere 10–13 Minuten backen.

Backmalz

Enzymaktives Backmalz enthält Malzzucker, der als sofortige Nahrung für die Hefen dient sowie stärkespaltende Enzyme, die die Endgare und den Ofentrieb fördern. Die Menge sollte genau dosiert werden, denn eine zu hohe Menge führt zu einer klebrigen und feuchten Krume. Enzyminaktives Backmalz dient mit seinem Malzzucker als Hefenahrung und Geschmacksverbesserer. Zugleich sorgt er für eine schöne Bräunung und knusprige Kruste.

Zeiten
Zubereitung:
30 Minuten

Geh- und Ruhezeiten:
16 Stunden – 2 x 30 Minuten –
10 Minuten – 45 Minuten

Backzeit:
20–23 Minuten bei 230/200 °C

Sie brauchen
digitale und Löffelwaage
Frischhaltefolie
Küchenmaschine
Teigabstecher
Bäckerleinen
scharfes Messer
Abdeckfolie mit
Untergewebe
oder gut bemehltes
Küchentuch
falls vorhanden: Kippdiele
(längliches Holzbrett zum
Transportierten der Teiglinge)
Backblech mit Backfolie oder
Backpapier
Blumenspritze

Zu diesem Rezept finden Sie auf www.ketex.de/blog/ ein Video.

Kastenweißbrot

Hier kommt ein recht einfach zu backendes Brot. Man kann es auch sehr gut mit 150 g Rosinen backen, sollte aber dann das Salz durch 10 g Zucker ersetzen. Bei uns nennt man es dann Stuten. Die lange kalte Führung gibt dem Brot einen wunderbaren Geschmack!

Zeiten
Zubereitung: 30 Minuten
Geh- und Ruhezeiten: 2 Stunden –
2 x 12 Stunden – 90 Minuten
Backzeit: 45 Minuten bei 230 °C

Sie brauchen
digitale und Löffelwaage
Frischhaltefolie
Küchenmaschine
Abdeckfolie mit Untergewebe oder
gut bemehltes Küchentuch
Teigabstecher
2 Kastenformen (23 x11 x 95 cm)
scharfes Messer
Blumenspritze

Für den Vorteig
330 g Wasser
3,3 g Frischhefe
150 g Weizenmehl 550
150 g Weizenmehl 812
30 g Roggenmehl 1150

Für den Hauptteig
Vorteig
300 g Weizenmehl 550
300 g Weizenmehl 812
70 g Roggenmehl
320 g Wasser
20 g Salz
6,7 g Frischhefe
1 TL flüssiges Backmalz
(Internethandel)

Außerdem
Butter für die Form

ergibt 2 Brote à 850 g

1 Für den Vorteig alle Zutaten klümpchenfrei verrühren und abgedeckt 2 Stunden bei Raumtemperatur gehen lassen, dann für 12 Stunden in den Kühlschrank (+ 5 °C, mittleres Fach) stellen.

2 Für den Hauptteig den Vorteig und alle anderen Zutaten in der Küchenmaschine 10–15 Minuten kneten. Den Teig in eine große Schüssel geben und wiederum für 12 Stunden in den Kühlschrank stellen.

3 Am Backtag den Teig ca. 1 Stunde akklimatisieren lassen und in 2 Hälften teilen. Jedes Stück erst rund, dann lang formen und in eine gut gefettete Kastenform geben. Abgedeckt bei 32 °C 90 Minuten gehen lassen (bei Raumtemperatur ca. 150 Minuten). Den Backofen auf 230 °C Ober- und Unterhitze vorheizen.

4 Die Oberfläche der Teiglinge einschneiden, in den Ofen schieben und mit einer Blumenspritze heißes Wasser an die Ofenwände spritzen. Nach etwa 10 Minuten die Ofentür kurz öffnen und den restlichen Dampf abziehen lassen. Die Brote 45 Minuten backen, bis sie eine hellbraune Färbung haben.

Osterkranz | Foto Seite 13

*In manchen Gegenden ist es Brauch, bunte Ostereier an einen Strauch
oder Baum zu binden. In unserer Gegend ist der Osterkranz alter Brauch; er besteht
aus einem Hefeteig mit direkter Führung und wird oft mit Marzipan, Rosinen,
Mandelsplittern oder Mohn gefüllt. Ich habe mich hier für eine Rosinen-Mandel-Beigabe
entschieden. Der Kranz wird mit drei Strängen geflochten, die Länge der Stränge
von 85 cm erschwert das Flechten allerdings ein bisschen.*

Für den Hauptteig

100 g Milch, 3,5% Fett
10 g Frischhefe
1 TL Zucker + 50 g Zucker
1 Vanilleschote
3 Eier, Größe M
500 g Weizenmehl Type 550
5 g Salz
75 g Rosinen
75 g Mandelstifte, geröstet
100 g weiche Butter

Für die Eistreiche

1 Eigelb
1 EL Milch
1 Prise Salz
1 Prise Zucker

Außerdem

Hagelzucker

ergibt 1 Kranz à 1 kg

1 Die Milch mit der Hefe und einem gestrichen TL Zucker verrühren und abgedeckt an einem warmen Ort 30 Minuten gehen lassen.

2 Den Zucker mit dem ausgekratzten Vanillemark gut verrühren.

3 Wenn die Hefemilch leicht schaumig geworden ist, mit den Eiern verquirlen und in der Küchenmaschine mit dem Mehl zu einem groben Teig verarbeiten. Beim ersten Kneten den Vanillezucker und später Salz, Rosinen und Mandelstifte zugeben. Wenn der Teig sich zu formen beginnt, die Butter in kleinen Stücken zugeben (gibt man die Butter vorher dazu, behindert das Fett die Bildung des Klebergerüstes, das für die Form und die Konsistenz aber wichtig ist). 15 Minuten kneten, bis ein wirklich glatter Teig entstanden ist. Den Teig abgedeckt bei 22 °C 60 Minuten gehen lassen.

Entspannen
Den Teig „entspannen" lassen bedeutet, ihn einfach nur ein paar Minuten ruhen zu lassen.

und falten („stretch and fold", siehe Seite 100) und abgedeckt nochmals 60 Minuten gehen lassen.

5 Nach der Ruhezeit den Teig in 3 gleich schwere Stücke teilen und gut durchkneten. Die Teigteile 10 Minuten ruhen lassen, dann jedes Stück zu einem 85 cm langen, gleichmäßig dicken Strang ausrollen (ca. 1,5 cm Durchmesser). Zwischendurch immer wieder die Stränge entspannen lassen. Vorsicht, überdehnen Sie die Stränge nicht, sonst reißen sie.

6 Dann die Stränge zum Zopf flechten und den zu einem Kranz formen, die Enden zusammendrücken. Den Kranz auf ein Backblech legen und abgedeckt 60 Minuten gehen lassen. Den Backofen auf 200 °C Ober- und Unterhitze vorheizen.

7 Für die Eistreiche alle Zutaten gut miteinander verquirlen. Den Kranz damit bestreichen und mit Hagelzucker bestreuen. Das Blech in den Ofen schieben und den Kranz 15 Minuten bei 200 °C anbacken, dann die Temperatur auf 150 °C reduzieren und ihn weitere 30 Minuten backen.

Zeiten
Zubereitung:
30 Minuten

Geh- und Ruhezeit:
30 Minuten – 3 x 60 Minuten

Backzeit:
45 Minuten bei 200/150 °C

Sie brauchen
digitale und Löffelwaage
Frischhaltefolie
Küchenmaschine
Abdeckfolie mit
Untergewebe
oder gut bemehltes
Küchentuch
Teigabstecher
Backblech mit Backfolie
oder Backpapier
Backpinsel

*Man kann den Kranz in
4 Stunden fertig haben.
Außer den Gärzeiten gibt es
keinerlei Wartezeiten.*

Olive Levain

Es ist beachtlich, dass sich aus nur 8,5 Gramm Weizensauerteig so ein Ofentrieb entwickelt. Man erhält ein sehr leckeres Brot von außergewöhnlichem Geschmack. Ich benutze hier ein Garkörbchen für 1 kg Teig. Ansonsten benötigen Sie die üblichen Utensilien.

Für den Sauerteig
85 g Weizenmehl 550
105 g Wasser
8,5 g Weizenanstellgut,
   siehe Seite 10/11

Für den Hauptteig
Sauerteig
325 g Weizenmehl 550
45 g Weizenvollkornmehl
185 g Wasser
115 g schwarze entkernte
   Oliven
7 g Salz

---

ergibt 1 Brot von 1 kg

1 Für den Sauerteig alle Zutaten klümpchenfrei verrühren, mit einer Frischhaltefolie abdecken und bei Raumtemperatur (besser wären 26 °C) über Nacht gehen lassen.

2 Für den Hauptteig den Sauerteig und alle anderen Zutaten, aber ohne Salz 3 Minuten kneten, dann 30 Minuten abgedeckt ruhen lassen. Danach das Salz zugeben und wieder 3 Minuten kneten. Jetzt schließt sich eine Teigruhe von 2,5 Stunden an. In dieser Zeit 2 Zyklen strecken und falten ("stretch and fold", siehe Seite 100) einlegen.

3 Den Teig zunächst rund und dann lang formen, in ein gut bemehltes Garkörbchen legen, dieses in einen leicht befeuchteten Plastiksack (Müllbeutel) geben und den Teig für 18 Stunden im Kühlschrank (+ 5 °C, mittleres Fach) reifen lassen.

4 Am nächsten Morgen den Teig aus dem Kühlschrank nehmen und 2 Stunden akklimatisieren lassen. Den Backofen auf 240 °C Ober- und Unterhitze vorheizen.

5 Das Brot aus dem Garkörbchen nehmen und auf ein Backblech legen. In den Ofen schieben und mit einer Blumenspritze heißes Wasser an die Ofenwände spritzen. Nach etwa 15 Minuten die Ofentür kurz öffnen und den restlichen Dampf abziehen lassen. Das Brot insgesamt 45 Minuten backen.

Ich setze den Sauerteig um 19 Uhr des ersten Tages an und bereite am zweiten Tag gegen 11 Uhr den Hauptteig zu. Gegen 14 Uhr lege ich den Teig ins Garkörbchen. Am dritten Tag geht es morgens um 8 Uhr weiter: Der Teig muss akklimatisieren und kann dann gegen 10 Uhr in den Backofen.

Dunkle Partystangen | Foto Seite 91

Dieses Rezept habe ich entwickelt, um bei Festlichkeiten Abwechslung in den Brotkorb zu bekommen. Wir reichen sie bei einem Essen mit Freunden auch gerne als Amuse-Gueule mit Käsecreme oder Kräuterfrischkäse. Die verschiedenen Geschmacksvarianten sind ein Fest für den Gaumen. Hier sind der Fantasie keine Grenzen gesetzt. Ich kann nur sagen, einfach lecker!

Zeiten
Zubereitung:
30 Minuten

Geh- und Ruhezeiten:
15–18 Stunden – 2 Stunden –
75 Minuten – 30 Minuten

Backzeit:
25 Minuten bei 250/180 °C

Sie brauchen
digitale und Löffelwaage
Frischhaltefolie
Küchenmaschine
Teigabstecher
scharfes Messer
Abdeckfolie mit
Untergewebe
oder gut bemehltes
Küchentuch
Backblech mit Backfolie
oder Backpapier
Blumenspritze

1 Für den Sauerteig alles gut verrühren und abgedeckt bei Raumtemperatur (besser wären 26 °C) 15–18 Stunden reifen lassen.

2 Für den Vorteig alle Zutaten klümpchenfrei verrühren. Abgedeckt 2 Stunden gehen lassen, dann den Teig für 13–16 Stunden in den Kühlschrank (+ 5 °C, mittleres Fach) stellen.

3 Für den Hauptteig Sauerteig, Vorteig und alle anderen Zutaten in die Küchenmaschine geben und 5–7 Minuten kneten. Den Teig in 3 gleich schwere Portionen teilen. Zu einer Portion die Haselnüsse geben und nochmals 3 Minuten kneten, in die zweite Portion die Oliven einkneten und in die dritte Portion die Zwiebeln. Die Teigstücke abgedeckt 30 Minuten ruhen lassen.

4 Die 3 Teigstücke rund formen, jedes Stück in zwei gleich schwere Hälften teilen und diese zu einer Rolle von ca. 30 – 40 cm formen (wie ein Baguette). In Roggenmehl wälzen und abgedeckt 75 Minuten bei Raumtemperatur gehen lassen. Den Backofen auf 250 °C Ober- und Unterhitze vorheizen.

5 Die Stangen auf ein Backblech legen, die Oberfläche quer einschneiden Mit einer Blumenspritze heißes Wasser an die Ofenwände spritzen. Nach etwa 15 Minuten Anbackzeit die Ofentür kurz öffnen und den restlichen Dampf abziehen lassen. Dann die Temperatur auf 180 °C reduzieren und die Stangen weitere 10 Minuten backen.

Am Abend vor dem Backtag den Sauer- und den Vorteig herstellen. Am nächsten Morgen den Hauptteig zubereiten und die Teiglinge formen und backen.

Für den Sauerteig
180 g Roggenmehl 1150
180 g Wasser
18 g Roggenanstellgut, siehe Seite 10/11

Für den Vorteig
150 g Weizenmehl 1050
150 g Wasser
1,5 g Frischhefe

Für den Hauptteig
Sauerteig
Vorteig
330 g Weizenmehl 1050
180 g Roggenmehl 1150
210 g Wasser
10 g Frischhefe
15 g Salz
10 g Roggenmalzpulver (Internethandel)
1 TL flüssiges Backmalz (Internethandel)

Für die Füllung
50 g Haselnüsse
50 g gefüllte Oliven
50 g Röstzwiebeln

Außerdem
Roggenmehl zum Wälzen

ergibt 6 Stangen

Der Teig kann bis zu 24 Stunden im Kühlschrank reifen. So können Sie den Teig entweder schon am Morgen des Vortags zubereiten oder am Abend. Die frischen Fladenbrote sind dann am Backtag schnell fertig.

Türkisches Fladenbrot

Gekauftes Fladenbrot hat uns früher nur geröstet gut geschmeckt!
Dieses Rezept aber, das von einem türkischen Nachbarn stammt, ist durch die längere
Teigführung etwas ganz anderes. Der Geschmack überzeugt voll und ganz.
Das Rezept ist sehr einfach und auch für Brotbackanfänger geeignet.

Zeiten
Zubereitung: 30 Minuten
Geh- und Ruhezeiten: 15 Minuten –
12–24 Stunden – 15 Minuten
Backzeit: 25 Minuten bei 270 °C

Sie brauchen
digitale und Löffelwaage
Frischhaltefolie
Küchenmaschine
Teigabstecher
Backblech mit Backfolie oder Backpapier
Küchenhandtuch

1 Für den Teig die Hefe mit dem Zucker in der Milch auflösen und abgedeckt 15 Minuten stehen lassen.

2 Dann das Wasser und das Mehl hinzufügen und zu einem weichen Teig verkneten. Abschließend das Meersalz unterkneten. Ich habe in der Küchenmaschine 18 Minuten auf langsamster Stufe geknetet. Den Teig abgedeckt in einer Schüssel für 12–24 Stunden in den Kühlschrank (+ 5 °C, mittleres Fach) stellen.

3 Den Teig in 2 Hälften von je ca. 300 g teilen, rund formen und 15 Minuten unter einem bemehlten Küchentuch entspannen lassen. Den Backofen auf 270 °C Ober- und Unterhitze vorheizen.

4 Die Teigstücke rund formen, ca. 1 cm dick ausrollen, dünn mit Olivenöl bestreichen, mit Sesam und Schwarzkümmel bestreuen und auf ein Backblech legen. In den Ofen schieben und 25 Minuten backen.

Für den Teig
5 g Frischhefe
1 Prise Zucker
36 g Milch
216 g Wasser
360 g Weizenmehl 550
8 g Meersalz

Außerdem
Olivenöl
Sesam
Schwarzkümmel oder
schwarzer Sesam

---

ergibt 2 Fladenbrote

Schweizer Dreiecksbrot | Foto Seite 105

Bei dem letzten Besuch meines Backfreundes Eibauer hat er mir dieses sehr schöne Rezept aus seiner Rezeptsammlung überlassen. Es ist ein sehr feines Weizenbrot, und wer die Möglichkeit hat, an die schweizerischen Mehle zu kommen, sollte auf jeden Fall damit backen. Es ist eine schöne Bereicherung für einen ausgefallenen Brotkorb.

Für den Vorteig

300 g Wasser
2 g Frischhefe
190 g Weizenmehl 550
  (original: Schweizer
  Weißmehl 400)
110 g Weizenmehl 1050
  (original: Schweizer
  Halbweißmehl 700)

Für den Hauptteig

Vorteig
300 g Wasser
9 g Frischhefe
400 g Weizenmehl 550
240 g Weizenmehl 1050
6 g Backmalz, enzymaktiv
  (Internethandel)
20 g Salz

Außerdem

Öl zum Einpinseln
Weizenmehl 1050
  zum Bestäuben

ergibt 4 Brote von je 350 g

1 Für den Vorteig alle Zutaten klümpchenfrei verrühren und abgedeckt 60 Minuten bei Raumtemperatur gehen lassen. Dann für 12–15 Stunden in den Kühlschrank (+ 5 °C, mittleres Fach) stellen.

2 Für den Hauptteig den Vorteig und alle anderen Zutaten 15 Minuten in der Küchenmaschine kneten und den Teig abgedeckt 20 Minuten ruhen lassen.

3 4 Teigstücke à 400 g abwiegen. Schön rund formen (siehe Abbildung a) und noch einmal 10 Minuten abgedeckt ruhen lassen.

4 Das Nudelholz oben an der Teigkugel ansetzen und 3 Zungen von ca. 5 cm Länge herausarbeiten (siehe Abbildung b). Die Teigzungen an den Spitzen mit etwas Öl bepinseln und wieder über auf die Mitte der Teigkugel legen (siehe Abbildung c). So mit allen 4 Teigkugeln verfahren. Die Kugeln wenden, in das Bäckerleinen legen und 60 Minuten gehen lassen. Den Backofen auf 230 °C Ober- und Unterhitze vorheizen.

5 Vor dem Backen die Teigkugel wieder wenden und leicht mit Weizenmehl 1050 bestäuben. Auf ein Backblech legen, in den Ofen schieben und mit einer Blumenspritze heißes Wasser an die Ofenwände spritzen. Nach etwa 10 Minuten die Ofentür kurz öffnen und den restlichen Dampf abziehen lassen. Die Brote insgesamt ca. 35 Minuten backen, bis sie hellbraun sind.

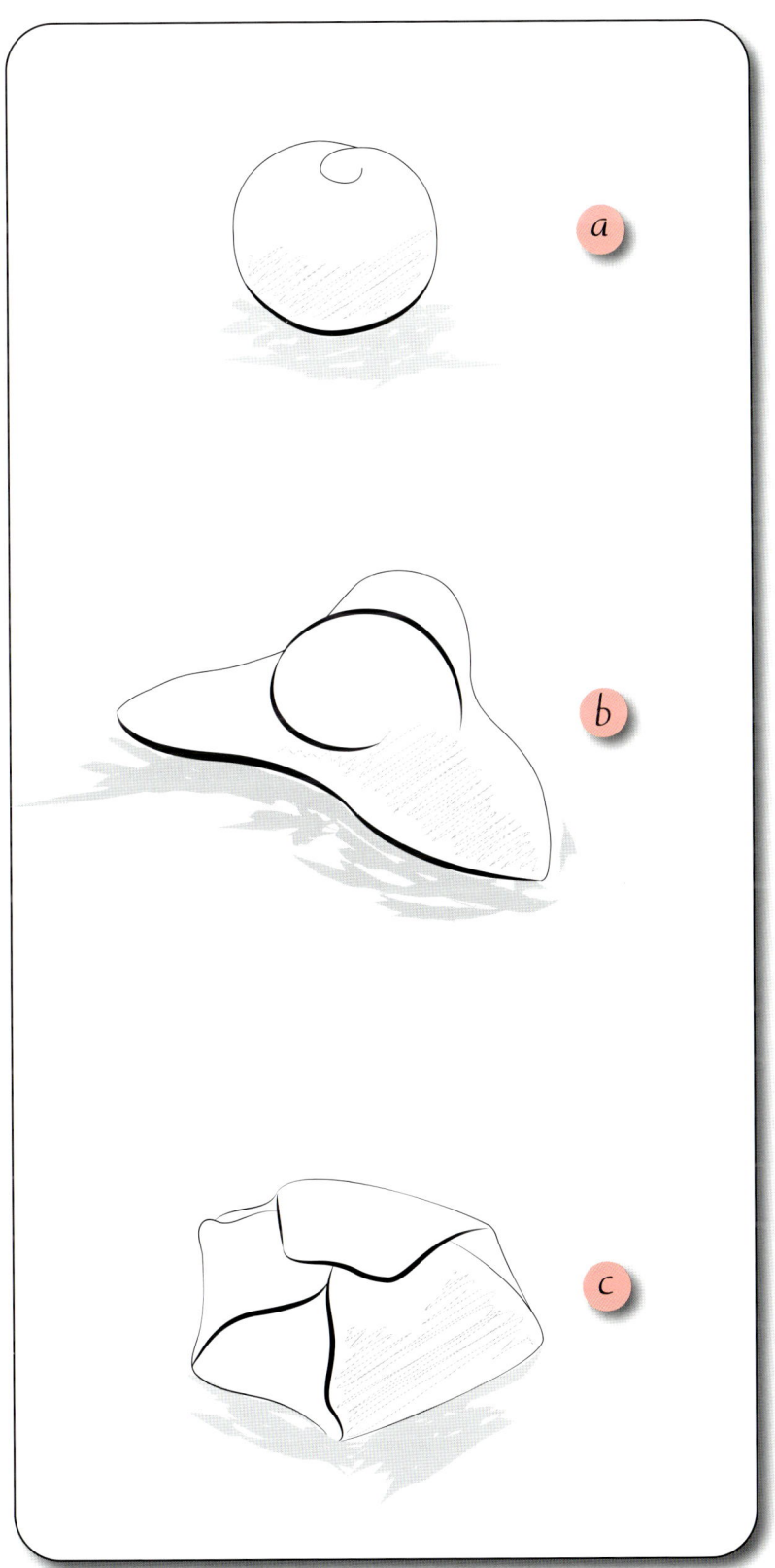

a

b

c

Zeiten
Zubereitung:
30 Minuten

Geh- und Ruhezeiten:
60 Minuten – 12–15 Stunden –
20 Minuten – 60 Minuten

Backzeit:
35 Minuten bei 230 °C

Sie brauchen
digitale und Löffelwaage
Frischhaltefolie
Küchenmaschine
Teigabstecher
Bäckerleinen
Backblech mit Backfolie
oder Backpapier
Abdeckfolie mit
Untergewebe
oder gut bemehltes
Küchentuch
Nudelholz
Blumenspritze
Backpinsel

*Am Abend vorher den
Vorteig fertigen und
am nächsten Morgen die
Dreiecksbrote backen.*

Kartoffelflockenbrot

Kartoffelflocken ist eine Zutat, die Profibäcker gerne für Brote verwenden. Es ist dabei nicht leicht, die richtigen Kartoffelflocken zu finden, sie unterscheiden sich in der Milch- und Wasseraufnahme. Dieses Brot hat eine schöne weiche, gleichmäßige Krume und eine sehr knusprige Kruste.

Für den Vorteig
- 113 g Wasser
- 2,5 g Frischhefe
- 250 g Weizenmehl T 65 (oder Weizenmehl 550)

Für den Hauptteig
- Vorteig
- 390 g Wasser
- 23 g Frischhefe
- 675 g Weizenmehl T 65 (oder Weizenmehl 550)
- 75 g Roggenmehl 1150
- 1 TL flüssiges Backmalz (Internethandel)
- 20 g Salz

Für das Püree
- 60 g Kartoffelflocken, z. B. von Pfanni, ohne Milchzusatz
- 155 g Milch

Außerdem
- Roggenmehl zum Bestäuben

---

ergibt 3 Brote von je 400 g

1 Für den Vorteig aus den Zutaten einen sehr festen Teig herstellen und mit der Hand kräftig durchkneten, bis ein Teigball entsteht. Den Ball zugedeckt über Nacht (12 Stunden) bei Raumtemperatur gehen lassen.

2 Aus den Kartoffelflocken und der Milch ein Püree herstellen.

3 Für den Hauptteig den Vorteig und alle anderen Hauptteig-Zutaten außer dem Salz 7 Minuten kneten. Dann das Salz und das Püree hinzufügen und alles weitere 10 Minuten langsam kneten. Den Teig in der Schüssel lassen, mit Frischhaltefolie abdecken und 60 Minuten gehen lassen. Er sollte sich in dieser Zeit mindestens verdoppeln.

4 Aus dem Teig 3 gleich schwere Stücke abwiegen und schön rund formen. Die Teigballen mit der glatteren Seite nach oben in das Bäckerleinen legen, mit der Abdeckfolie abdecken und wieder 60 Minuten gehen lassen. Den Backofen auf 230 °C Ober- und Unterhitze vorheizen.

5 Danach die Teigballen vorsichtig umgedreht auf ein Backblech setzen, mit Roggenmehl bestäuben und je nach Gusto einschneiden. Das Blech in den Ofen schieben und mit einer Blumenspritze heißes Wasser an die Ofenwände spritzen. Nach etwa 10–15 Minuten die Ofentür kurz öffnen und den restlichen Dampf abziehen lassen. Die Brote insgesamt 40 Minuten backen.

Am Abend zuvor den Vorteig machen, dann kann am nächsten Morgen der Hauptteig angesetzt werden und gute 3 Stunden später steht das Brot auf dem Tisch.

Stretch & fold

Diese Methode dient zum Aufbau eines guten Klebergerüstes bei Gebäcken, die nur (oder hauptsächlich) aus einer Mehlsorte bestehen. Ein gutes Klebergerüst ist notwendig, um eine schöne lockere Porung im Brot zu erreichen.

a   Man nimmt den gut gekneteten Teig und formt einen Ball daraus .

b   Dann wird der Ball zu einem möglichst großen Viereck auseinandergezogen. Der Teig sollte dabei nicht reißen.

c   Nun nimmt man die beiden oberen Ecken und klappt den Teig zur Mitte.

d   Dann wird der Teig an den beiden unteren Ecken gefasst und über den eben gefalteten Teig gelegt. Es ist so ein länglicher, dreifach gefalteter Teigstrang entstanden.

e   Dieser Strang wird rechts und links gepackt und noch etwas auseinander gezogen.

f   Dann wird die rechte Seite des Teigstrangs zur Mitte geklappt.

g   Der linke Teil des Strangs wird auf den eben gefalteten Teig gelegt.

•   Den Teig in eine Schüssel legen und für 30–45 Minuten ruhen lassen, dann beginnt die nächste „Strech & fold"-Runde.

•   So verfährt man insgesamt 3-mal. Beim zweiten Mal merkt man schon, wie der Teig eine festere Struktur bekommt.

Sollte der Teig einmal besonders weich sein, so lässt man ihn in der Schüssel und fährt mit einer Teigkarte am Rand des Teiges entlang und zieht den Teig bis zum gegenüberliegende Rand der Schüssel. Die Schüssel so oft drehen, dass man den Teig von allen Seiten streckt und faltet.

Im Internet auf Youtube gibt es dazu ein Video von mir:
http://www.youtube.com/watch?v=VrcTHcLQ_GM

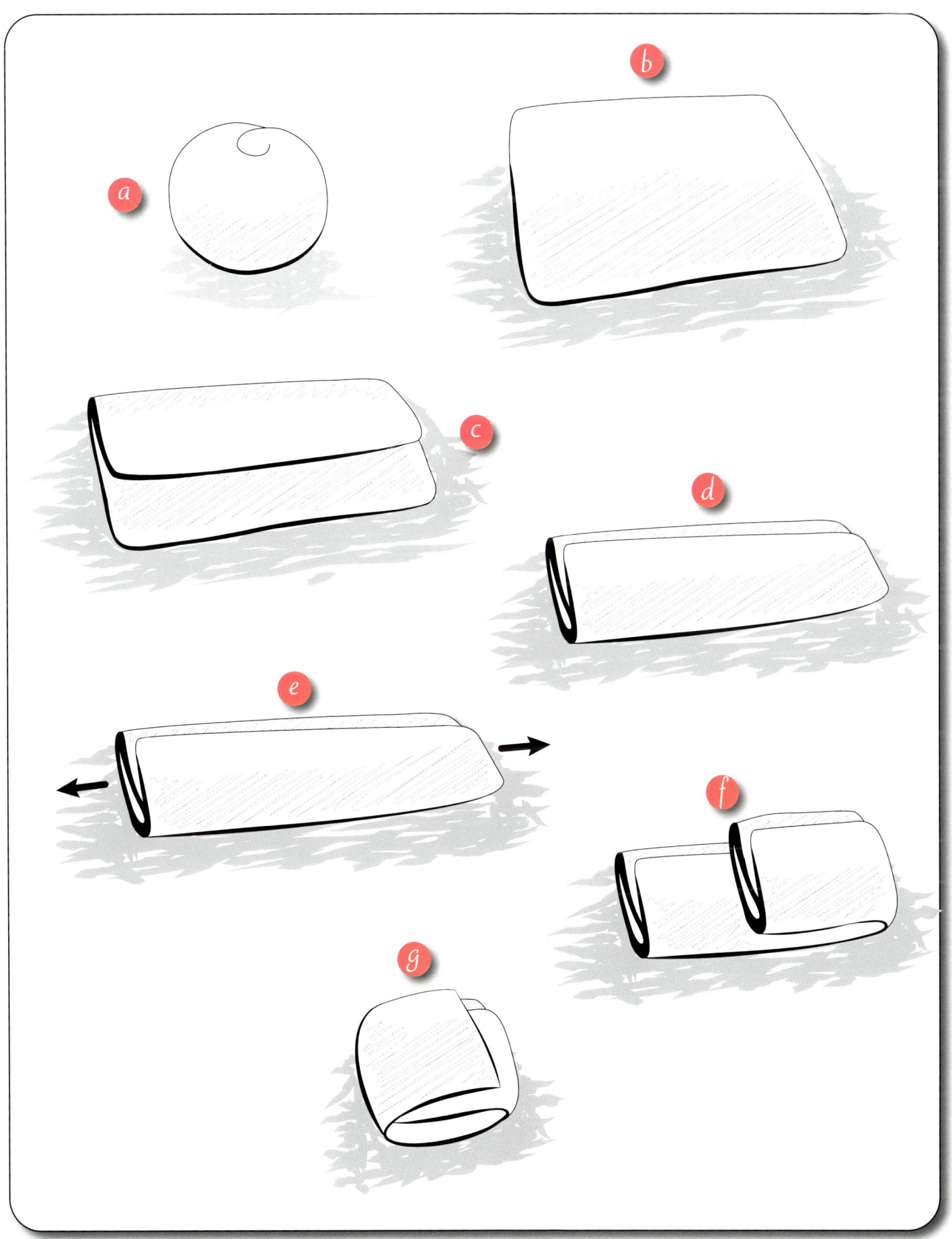

Welches Mehl für welche Rezepte

Brötchen	Seite	Sauerteig	Hefe	Weizenmehl	Roggenmehl	Dinkelmehl	Hartweizenmehl
Bagel	38		○	○ / ○ Vollkorn	○		
Baguettebrötchen	50		●	●	●		
Bauernbrot mit altem Teig	66		○	○	○		
Buttercroissants	32		●	●			
Butterhörnchen	26		○	○			
Delbrücker Ecksteine	68	●		●			● Vollkorn
Dinkelbrötchen	42	○	○			○	
Feine Dinkelbrötchen	46		●			●	●
Franzbrötchen	64	○	○				
Fränzchen (5-Korn-Roggenbrötchen)	48				Vollkorn		
Kaisersemmel	28		●	●	●	●	
Krusties mit altem Teig	52						
Mohn-und Sesambrötchen	40		●	●	●	●	
Müslibrötchen	36					Flocken	
Pfennigmuckerl	56	●	●	●	● Vollkorn / ●		
Rheinische Röggelchen	58						
Roggenbrötchen	62	○	○	○	○ Vollkorn / ○		
Rosinenbrötchen	34		●	●			
Schnelle Brötchen	22					○	
Schnittbrötchen	24		●	●	●		
Schusterjungen	44	○	○				
Sonntagsbrötchen	30		●	●	●	●	
Spitzkornlinge	60	○	○	○ / ○ Schrot	○	○ Schrot	
Walnuss-Malz-Brötchen	70		●	● Vollkorn	●		● Grieß
Weizenvollkornbrötchen	54		○	○ Vollkornschrot / ○ Vollkorn			

Brote	Seite	Sauerteig	Hefe	Weizenmehl	Roggenmehl	Hartweizenmehl	Kartoffelflocken
Baguette mit Sauerteig	82	●	●	●	●		
Buttertoast	78		●	●			
Dunkle Partystangen	90	●	●	●	●		
Hartweizen-Sesam-Ringbrot	86		●	● Vollkorn		● Grieß	
Kartoffelflockenbrot	98		●	●	●		●
Kastenweißbrot	84		●	●	●		
Korinthenbrot	76	●		●	●		
Mohnbrot	88		●	●			
Olive levain	92	●		● ● Vollkorn			
Osterkranz	80		●	●			
Schweizer Dreiecksbrot			●	●			
Traditionelle Baguette	74	●	●	●	●		
Türkisches Fladenbrot	94		●	●			

Alphabetisches Rezeptregister

Schweizer Dreiecksbrot
Rezept auf Seite 96

Sachwortregister

Müslibrötchen
Rezept auf Seite 36

Kaisersemmel
Rezept auf Seite 28

Wir danken der Firma LUBA GmbH aus Bad Homburg für ihre Unterstützung.

www-luba.de

ISBN 978-3-572-08159-2

1. Auflage

©2014 by Bassermann Inspiration, einem Unternehmen der
Verlagsgruppe Random House GmbH, 81673 München

Umschlaggestaltung: Atelier Versen, Bad Aibling
Gestaltung: Epsilon2, Erdmannhausen
Herstellung: Elke Cramer
Umschlagfotos: Stockfood/ISTL und Anthony Lanneretonne
Grafiken: X-Design Manuela Hutschenreiter, München
Food-Fotografie und Styling: Brigitte Wegner, Bielefeld
Still-Fotos und Freisteller: Bassermann Verlag, München: S. 10, S. 11, S. 64, S. 103 (Karl Newedel);
Fotolia: S. 76 (womue), S. 52 (petrsalinger), S.92 (Anna Khomulo); Gerhard Kellner, Delbrück: S. 72 oben (das Foto zeigt
die Toastbrotbackform der Firma Lehmann Backgeräte); iStockphoto: S. 81 (Yuan Tian); Luba GmbH, Bad Homburg v. d.
H.: S. 18 (das Foto zeigt die Ankarsrum Küchenmaschine); StockFood, München: S. 72 unten (Niklas Thiemann); Süd-
west Verlag, München: S. 37 (Karl Newedel), S. 75 (Christian Kargl)
Bildredaktion: Annette Mayer
Projektleitung: Anja Halveland

Satz: Epsilon2, Erdmannhausen
Reproduktion: Regg Media GmbH, München
Druck und Verarbeitung: Mohn Media Mohndruck GmbH, Gütersloh

Printed in Germany

Verlagsgruppe Random House FSC® N001967
Das für dieses Buch verwendete FSC®-zertifizierte Papier *Novatech satin* wurde produziert von UPM Dörpen.

Noch mehr Rezepte

vom Hobbybrotbäcker Ketex

96 Seiten, mit zahlreichen Farbfotos
ISBN 978-3-8094-2847-3

Wer das Grundnahrungsmittel Brot liebt, wer Wert auf Geschmack und beste
Zutaten legt, der hat hier das richtige Buch zur Hand, denn hier wird mit viel
Sorgfalt und nach alter Tradition selbst gebacken. Etwas Muße sollte man zum
Nachbacken allerdings mitbringen, denn erfahrene Brotbäcker wissen: Gutes
Brot braucht seine Zeit!

www.bassermann-verlag.de